Gene Edwards

GOTTES LIEBESGESCHICHTE

Gene Edwards

Gottes Liebesgeschichte

LEUCHTER EDITION

Leuchter Edition · Erzhausen

Titel der amerikanischen Originalausgabe (title of the original work):
The Divine Romance

Erschienen bei (published by) Tyndale House Publishers Inc.

Aus dem Amerikanischen von Kirsten Winkelmann
Lektorat: Ingo Schreurs
Umschlaggestaltung: be-sign.net, Bernd Scheurer, Erzhausen
Gesamtherstellung: Schönbach Druck GmbH, Erzhausen

ISBN: 3-87482-239-7
Bestell-Nr.: 547.239

Leuchter Edition GmbH
Postfach 1161
64386 Erzhausen
verlag@leuchter-edition.de
www.leuchter-edition.de

WIDMUNG

In tiefster Zuneigung
meiner ältesten Tochter Lynda

„Die Vorstellungskraft hatte schon immer
die Kraft der Auferstehung in einem Maße,
die keine Wissenschaft erreichen kann.“

Ingrid Bengis

Mehr als alle Tempel
Liebst du,
O Geist,
Das aufrechte
und reine Herz.

Unterweise mich,
Der du wissend bist,
Denn du warst da
von Anbeginn.

Du saßest
wie eine Taube
Mit Macht
und ausgebreiteten Flügeln
Brütend über
der riesigen Unendlichkeit
und machtest sie fruchtbar.

O Geist,
was dunkel ist
In mir
Erhelle.

Das Gebet von John Milton,
als er seine Feder zur Hand nahm,
um „Das verlorene Paradies" zu schreiben.

Wie sehr habe ich immer darauf gehofft, dich einmal wiederzutreffen. Bei unserer letzten Zusammenkunft war es ein Drama, das wir uns gemeinsam ansahen.

Dieses Mal ist es eine Liebesgeschichte. Eine Liebesgeschichte, die – wie ich glaube – mit keiner anderen auch nur annähernd zu vergleichen wäre. Ich bin sicher, dass du am Ende der Geschichte diese Ansicht mit mir teilen wirst.

Die Plätze, die ich uns reserviert habe, sind Logenplätze. So hoffe ich, daß wir den bestmöglichen Blick auf den Verlauf dieser Handlung haben werden.

Nun lass uns hineineilen, denn ich sehe, dass die Platzanweiser dabei sind, die Türen zu schließen. Wir würden es bedauern, wenn wir etwas von der Handlung verpassten.

PROLOG

Er war allein.

Das erste Ticken der Zeit war noch nicht erklungen, auch hatte der unendliche Kreislauf der Ewigkeit noch nicht begonnen. Es gab weder Erschaffenes noch Unerschaffenes, das den Raum mit ihm teilte. Er wohnte in einer Zeit, in der es noch nichts Ewiges gab, in der nur eins existierte ... Gott. Es gab keinen Raum für irgendetwas anderes. Er war der Unerschaffene. Er war ALLES in ALLEM.

In dieser so weit zurückliegenden Nicht-Zeit gab es nur eine Lebensform ... das höchste Leben.

Er war auch Liebe.

Leidenschaftliche, gefühlvolle, ausdrucksstarke ... Liebe.

In diesem Gott, der so ganz allein existierte, vereinigte sich ein Paradoxon: Obwohl er allein war, war er auch Liebe. Dennoch gab es für ihn kein *Gegenüber,* das er lieben konnte. Eine so unermessliche, gewaltige Liebe – und dennoch existierte kein „anderer als“.

Dann pulsierte Leben, entflammte Licht in neuentdecktem

Glanz, als die Offenbarung in ihm aufstieg, als er aus dem innersten Ratschluss der Gottheit heraus aufschrie.

*Es kann **zwei** geben!*

„Ich ... der lebendige Gott ... werde ein *Gegenüber* haben!"

Während er über dieser Offenbarung frohlockte, weihte er sein gesamtes Sein dieser einen Aufgabe: eine ... *Braut* zu haben. Einen einzigen kurzen Moment lang wich die unendliche Einsamkeit zurück.

Aber kurz bevor er seinen gewaltigen Plan in Gang setzte, geschah etwas sehr Geheimnisvolles *in* Gott. Tief im Inneren seines Daseins trat ein Ereignis ein, das kein anderes Auge sehen, kein anderer Verstand wahrnehmen konnte.

Tausend Millionen Teile von Gott wurden in einer gleißenden Explosion in die Höhe geschleudert. In jedem dieser Teile von Gott entzündete sich ein leuchtender Glanz ... so als sollte proklamiert werden, dass jedes einzelne von ihnen auserwählt wurde – ja sogar *ausgesondert* – für irgendein besonderes, weit entfernt liegendes Schicksal. Und nachdem der Lebendige Gott diese zukünftigen Schicksale ausgesondert hatte, widmete er sich der Verwirklichung seines größten Traumes. Das unendliche Aus-sich-selbst-Bestehen würde enden.

Und so sprach er. „Es *werde* ..."

Während er dies tat, verzichtete er darauf, die Allumfassenheit zu sein, und schuf Raum für etwas anderes als die Allumfassenheit Gottes. Für einen einzigen kurzen Moment gab es Gott *und* einen riesigen Abgrund von Nichts.

Niemals zuvor und auch nur einmal seitdem hat es eine so radikale Veränderung in der Geschichte Gottes gegeben. Nun, da „Es werde ..." über der Sphäre des Nichts erscholl, leuchtete ein heller Blitz auf, der die dumpfe Leere füllte. Plötzlich gab es nicht mehr nur den unerschaffenen Gott ... sondern etwas *Erschaffenes!*

Erschaffenes *Licht*. Ein *Bild* von Gott teilte nun den Raum mit Gott.

Dann erschuf er ein geistiges Reich. So grenzenlos und unermesslich wie dieses Reich war, lag es – genau wie sein Gott – *außerhalb* aller endlichen Vorstellungskraft, doch befand sich diese unsichtbare, geistige Sphäre *innerhalb* Gottes. Er nannte es den himmlischen Ort. Obwohl es ein Ort *in* ihm war, gefiel es ihm, sich darin einzuhüllen und dort zu verweilen.

Und dann erschuf er lebende Kreaturen! Er nannte sie Boten. Diese Wesen waren umgeben von Licht, das von ihrem Geist ausstrahlte, genau wie auch ihr Gott von der leuchtenden Pracht seines eigenen Wesens umhüllt war.

Seine Boten glichen ihm in vielen Punkten, aber sie unterschieden sich auch von ihm. Sie waren mächtig, aber nicht *all*mächtig. Sie waren immerwährend, aber nicht ewig. (Im Gegensatz zu Gott, der sich ganz nach seinem Willen in der vergangenen Ewigkeit, der gegenwärtigen Ewigkeit und der zukünftigen Ewigkeit umherbewegen konnte, bewegten sie sich nur vorwärts, in Richtung zukünftiger Ewigkeit.) Sie hatten kein Gegenstück, aber sie hatten einander zu ihrer Gesellschaft. Auch waren diese Boten in einem Punkt vollkommen anders als Gott. Sie waren geschlechtslos. Er war männlich. Und sie konnten nicht lieben. Sie konnten *ehren*, ja! Aber sie konnten nicht lieben ... *nicht* so, wie er liebte.

Und obwohl er sich darüber freute, diese Wesen in seiner Nähe zu haben, und obwohl seine Einsamkeit endlich durchbrochen worden war, hatten *sie* einander. Gleiche hatten gleiche; die Art hatte ihre Art. Aber für ihn gab es keine Art nach *seiner* Art.

Dann erhob der Herr noch einmal seine Stimme und rief dem Abgrund aus Nichts etwas zu, und das Nichts wich einem Etwas ... Ein *sichtbares* Reich brach nun aus seinem Wort hervor.

Er sprach wieder, und auf sein Wort hin wimmelte es in diesem Reich von funkelnden Lichtern und kreisenden Gestirnen.

Dann streckte er seine Hand aus und von seinen Fingerkuppen tropfte eine kleine Menge einer unförmigen Masse. „Dieses kleine Korn werde ich bearbeiten, an ihm werde ich mein höchstes Schöpfungsziel verwirklichen."

Als er arbeitete, begann die leere Masse Gestalt anzunehmen.

Als er fortfuhr, füllte er den kleinen Ball mit Dingen, die man sich zuvor nicht hätte vorstellen können.

Am sechsten Tag wimmelte der kleine Planet nur so von Wundern. Sein Publikum, die Engel, die ihn begleiteten, sahen ihm dabei zu, wie er Leben erschuf, das von dem Ihren vollkommen verschieden war – sichtbares Leben, das hören konnte, das fliegen konnte, das laufen konnte, das sogar laut schreien konnte. Aber der bei weitem verwirrendste Anblick auf dem blaugrünen Ball war dieser: Alles bestand aus *zweien.*

Außerdem war es eine erstaunliche Art von *zweien!* Keine einzige dieser Kreaturen war neutrum. Sie waren männlich – oder besser, die Hälfte war *männlich!* Das unbegreiflichste Wunder im Universum aber war *die andere Hälfte!* Diese Wesen waren nämlich weder neutrum noch waren sie männlich. Sie waren etwas *Neues* und vollkommen Unvorstellbares! Sie waren weiblich! Das Männliche hatte ein Gegenstück. Art nach seiner Art. Ergänzungen.

Dies war ein so wundersamer Gedanke, dass die Engel nur in stiller Ehrfurcht darüber sprachen. Und sie starrten ihren Gott in unverdorbener Unschuld an, während sie sich darüber verwunderten, was ihn wohl dazu veranlasst hatte, lebende Wesen zu erschaffen, die zu zweit waren ... wo jeder *Er* eine *Sie* hatte.

Und so staunten sie, wunderten sich, beobachteten diese neu erschaffenen Dinge und sagten:

Wie wir leben sie und bewegen sich.
Wie wir haben sie Art nach ihrer Art.
Aber, oh, ganz im Gegensatz zu uns
Sind sie sichtbar.
Ganz anders als Gott oder Engel
Hat jeder ein Gegenstück.

Und sie registrierten, dass nun *alle* lebenden Dinge *jemand anderen* hatten ... abgesehen von EINEM. Gott war immer noch ... allein.

TEIL 1

Kapitel 1

Der sechste Schöpfungstag näherte sich seinem Ende. Der Herr war recht müde geworden; daher waren die Engel ziemlich überrascht, ihn in einen letzten Schöpfungsakt eintauchen zu sehen.

„Du wirst zweifellos begreifen, was ich zu tun beabsichtige, denn du bist die höchste Lebensform im *ungesehenen* Reich, die überragende Schöpfung innerhalb des Unsichtbaren."

Er hielt inne, griff hinab und hob eine Handvoll Erde auf. Einen Moment lang starrte er diese an, dann sprach er noch einmal.

„Aus diesem roten Staub werde ich die höchste Lebensform innerhalb des Reiches der *sichtbaren* Dinge erschaffen. Das Wesen, das ich hervorbringen werde, wird über das materielle Universum herrschen, genauso wie *ich* über das geistige Universum herrsche."

Mit diesen Worten begann Gott der Herr, den roten Staub zu formen, zu modellieren, zu gestalten.

Die Engel sahen zu, und während sie dies taten, flüsterten sie miteinander. „Dieser hier wird so sein, wie Gott ist ... ein *Er.*"

Sie blickten fasziniert auf ihren Herrn und staunten über die Intensität, mit der er am Werke war. Sie bemerkten, wie tief die Einsamkeit, die allein ihm gehörte, auf seinem Antlitz eingegraben war.

Plötzlich aber veränderte sich der Ausdruck auf dem Gesicht des Schöpfers. Er suchte etwas ... etwas in seinem eigenen Wesen. Langsam zog er dieses Element aus sich heraus und gravierte es auf den Ton.

Mit dem letzten formenden Handgriff trat er vom feuchten Gras zurück und ermöglichte den Engeln so einen vollständigen Blick auf die Arbeit, die er soeben fertig gestellt hatte. Sie rangen um Fassung vor Erstaunen und schrieen wie aus einem Munde:

Sein Bild! ***Sichtbar!***

Kapitel 2

Noch einmal beugte sich Gott der Herr sanft über den geformten Ton. Einen Moment lang waren das Gesicht des lebendigen Gottes und das Gesicht, das auf dem leblosen Ton eingegraben war, kurz davor, einander zu berühren.

Gott der Herr atmete.

Tönerne Nasenflügel bebten und flackerten. Der feuchte Ton wurde zu Fleisch, erstarrte, regte sich und begann, ruhig zu atmen.

Beinahe nachdenklich trat der Herr zurück. Seine jüngste Schöpfung drehte den Kopf ... und starrte für einen kurzen Moment auf das Panorama himmlischer Wesen, die ringsherum versammelt waren. Dann, mit der größten Selbstverständlichkeit, setzte sich dieser Mann von rötlicher Farbe auf, ... drehte sich um ... und sah dem, der ihn geformt hatte, mit friedvoller Gelassenheit in die Augen.

Noch einmal näherte sich der Herr seinem Modell. Wieder trafen ihre zwei Gesichter beinahe aufeinander, während die Engel anerkennend miteinander flüsterten.

„Aber, aber ... sie sind ja fast wie ... Brüder."

Bei all den unzähligen Wesen, die durch die dichterische Kraft seiner Hand gestaltet worden waren, gab es nur eines, von dem man sagen konnte: „Gott der Herr dachte an *sich selbst*, als er *diesen* hier schuf."

Außerdem war seine jüngste und letzte Schöpfung, genau wie die Engel gemutmaßt hatten, männlich. Kein *Es,* und damit nicht nach Art der Engel. Sichtbar, daher Bestandteil des materiellen Reiches, aber dennoch eine sehr viel höhere Lebensform als irgendein anderes Wesen, das sich in der sichtbaren Welt aufhielt.

Während die Engel voller Erstaunen auf dieses Lebewesen blickten, offenbarte sich ihnen die Wahrheit wie von selbst: Diese Kreatur würde die Erde regieren ... so sicher wie Gott der Herr, nach dessen Bild sie so offensichtlich geschaffen worden war, den Himmel beherrschte.

Im Übrigen, so stellten sie fest, konnte dieses Geschöpf – anders als die sichtbaren Tiere und die unsichtbaren Engel, aber ganz ähnlich wie Gott – lieben.

Und genauso wie Gott hatte dieser, der Mensch genannt wurde, keine *Art* nach seiner *Art.* Der Mensch leistete seinem Gott darin Gesellschaft, eine von nur zwei lebenden Kreaturen zu sein, die lieben konnten – jedoch niemand „anderen" hatten, dem sie diese Liebe zuwenden konnten. Von allen erschaffenen Wesen war der Mensch der einzige männliche, der kein Gegenstück hatte.

Wahrlich, der Mensch war das Bild Gottes.

Kapitel 3

Der siebte Tag war ein Tag der Erholung für die gesamte Schöpfung. Die Aktivitäten des Tages reichten über Verwunderung nicht hinaus.

Der achte Tag brach an. Es war der zweite *erste* Tag der Woche. Für Gott den Herrn sollte dieser Tag ein Tag der Gemeinschaft mit seinem Bild sein. Es war offensichtlich, dass beide die gegenseitige Gesellschaft mehr als irgendeine andere genossen.

Gemeinsam durchzogen die beiden das irdische Reich des Menschen, indem sie über die Oberfläche des smaragdgrünen Erdballes wanderten und Wiesen, Täler, Berge durchstreiften. Gemeinsam genossen sie die Schönheit der Erde und nahmen das Lied des Windes in sich auf.

Und während sie so umhergingen, verkündete erst der eine, dann der andere: „Ah, dies hier ist gut."

„Ja, und dies hier ..."

„Und dies hier ist auch gut."

Aber als der Tag fortschritt, wurde das Verhalten des Menschen sonderbar, fast beunruhigend. Immer wieder heftete er seinen forschenden Blick auf irgendein fernes, verschwommenes Objekt und lief dann plötzlich darauf zu, nur um den Löwen, den Leoparden oder den Adler zu finden. Einen Moment lang huschte dann

Enttäuschung über sein Gesicht. Anschließend drehte er sich langsam um und murmelte so ergreifend, dass selbst ein Engel beunruhigt gewesen wäre: „Zwei. Es sind immer zwei."

Die tiefe Ruhelosigkeit des Menschen verstärkte sich. Schließlich nahm sich der Herr dieser Unruhe an.

„Du hast einen großen Teil meiner gesamten Schöpfung gesehen, und du hast den Teil gesehen, den du beherrschen sollst. Gibt es *irgendetwas* in diesem riesigen Reich, das – nach deiner Beobachtung – *nicht* gut sein könnte?"

Langsam und mit größter Bedachtsamkeit ließ der Mensch seinen Blick über sein großes und üppiges Reich schweifen. Das Urteil war unumstößlich. Alles war gut.

Und doch, nicht alles.

Irgendetwas tief im Inneren des Menschen stimmte nicht. Etwas, das er nicht bezeichnen konnte ... und doch war es da und er rang darum, es beschreiben zu können. Ein stiller Schrei erhob sich aus seinem Inneren und ließ ihn bis ins Mark erstarren.

Wieder sah er seinen Schöpfer an, richtete einen festen Blick auf die brennenden Feuer in den Augen Gottes. Keiner von beiden sprach, während ihre Augen eine weites Spektrum von Gefühlen austauschten – die beiderseitige Einsamkeit, die Traurigkeit, die beide miteinander teilten und mit der unter allen lebenden Dingen nur sie allein vertraut waren.

Zuletzt brach der Herr den Bann des Schweigens.

„Lass uns feststellen, ob wirklich alle Dinge in meiner Schöpfung gut sind."

Durch einen instinktiven Impuls seines inneren Wesens wusste der Mensch, dass er nun alle Kreaturen der Erde herbeirufen und jedes davon benennen sollte.

Die Tiere kamen, immer in Paaren, jedes mit seinem Gegenstück. Der Löwe stolzierte mit seiner Löwin vor dem Menschen vorbei; der stolze Hengst und die Stute; der Bulle, die Kuh. Zwei, immer zwei.

„Was stimmt hier nicht?“ Ein verstörter Blick entstand in seinen Augen, während er ausrief, „Ich bin Isch! Mensch! Herrscher dieses Reiches. Aber allein. Nur einer. Wo ist *mein* Gegenstück?“

Das letzte Tierpaar ging vorüber. Der Mensch blickte verwirrt umher, dann begann er über Täler und Hügel zu rennen, bis er an den Abgrund eines großen Berges gelangte und begann, den Horizont abzusuchen.

„Bist du da?“, rief er. „Bist du da?“

Er durchstreifte den gesamten Erdball, dann suchte er auf dem Mond und in den Sternen über ihm. Langsam, schweigend, ging er zurück in die Täler und zu einem wartenden und sehr verständnisvollen Gott. Wieder heftete der Mensch seine gequälten Augen auf das brennende Feuer in den Augen Gottes.

„Was ist es, das nicht gut ist?“, fragte Adam.

„Ich glaube, du weißt es. Mensch, es ist nicht gut für dich, allein zu sein.“

Für eine lange Zeit teilten der junge Mann und ein nicht alter Gott in ihrem Geist etwas, das keine Worte – weder sterbliche noch göttliche – jemals ausdrücken könnten.

„Du bist mein Bild. Männlich. Allein. Und es ist nicht gut für dich, so zu sein“, sagte der Herr ganz sanft.

Der Mensch erforschte das Gesicht Gottes für eine lange Zeit, bevor er antwortete.

„Ich bin, wie du bist. Allein!“

Kapitel 4

Weder Weg noch Stunde beachtend, begann der Mensch umherzuirren ... ohne Ziel oder Richtung. Der unerträgliche Schmerz in seinem Herzen hämmerte weiter. Seine Sinne offenbarten ihm die grausame Wahrheit. „Ich bin noch einsamer, als ich es wäre, wenn ich die einzig lebende Kreatur in allen Sphären wäre.“ Ungemessene Zeit verging. Zuletzt wanderte der Mensch erschöpft und verzweifelt zurück zu seinem Schöpfer.

„Du bist wahrhaftig, wie du die Wahrheit bist“, sprach der Mensch, als er sich einem Gott näherte, den er jetzt besser verstand. „Aber gibt es denn keine Tat, kein Werk Gottes oder des Menschen, das ... meine Ischa ... hervorbringen könnte? Nur für einen kurzen Moment – etwas ... jemanden ... der mir ähnlich ist ... zu sehen, zu berühren? Kann ich nicht, nur für eine Stunde, *meine* Löwin haben?“

Der Herr stieß einen tiefen Seufzer aus, wie jemand, der gerade dabei ist, mit einer großen und schwierigen Aufgabe zu beginnen. „Mensch, es gibt ein Prinzip, das in den Tiefen meines Wesens geschrieben steht und nicht aufgehoben werden kann. Ich bin einer, nicht zwei. Unteilbar ist mein Leben. Und du, Mensch, bist ein Spiegelbild meines Seins. Darum bist auch du einer. Wie ich allein bin, so bist auch du allein. So unteilbar, wie ich bin, so unteilbar bist auch du. Mehr als einer kannst du nicht sein. Dies zu verändern, würde bedeuten, mein Spiegelbild zu verletzen, das Spiegelbild, das du bist."

Als er dieses unerbittliche Urteil hörte, begann ein vollkommener Mensch, inmitten eines vollkommenen Universums, zu weinen. Zum ersten Mal erlebte die Schöpfung die schreckliche Qual von Tränen und Leid.

Der Mensch blickte auf und sagte schluchzend: „Du bist mir sehr ähnlich, nicht wahr?"

„Nein, überhaupt nicht", war die sanfte Antwort des Herrn. „*Du*, Mensch, bist mir sehr ähnlich."

Als die volle Bedeutung dieser Worte in seine Seele glitt, fiel der Mensch auf seine Knie und ließ seinem unaussprechlichen Leiden in unkontrollierbarem Schluchzen freien Lauf.

Schließlich wurde der Mensch ruhig, erhob sein tränenüberströmtes und von Schmerz gezeichnetes Gesicht zu seinem Schöpfer und sprach noch einmal, in Worten grimmiger Entschlossenheit. „Dann gibt es keinen Weg. Es ist mir bestimmt, für immer so zu sein, wie du bist."

Ein Herz voll überwältigender Liebe und ein Leben, das in Einsamkeit gelebt worden war, fanden nun zögerlich eine Stimme und wohlüberlegte Worte:

Vielleicht, mein Bild,
vielleicht
gibt es
einen Weg,
Aber nur ***einen***.

Der Schöpfer griff hinab zum Boden und griff einen *Samen* heraus. Einen endlosen Moment lang sah der Mensch zu, wie sein Herr still auf den Samen starrte.

Langsam streckte Gott der Herr dem Menschen den Samen entgegen, damit dieser ihn betrachten konnte.

„Hier ist noch ein anderes Prinzip, das tief in meiner Natur verborgen liegt. Darum kann man dieses Prinzip auch in der kleinsten Faser und dem Blutstrom des Universums finden. Auch in *dir*, Mensch. Es ist ein Gesetz meiner Natur, das meine Schöpfung nicht kennt, und doch lebt dieses Prinzip auch in diesem kleinen, irdischen Samen. Wie wir ist dieser einfache Samen allein. Und – wie wir – muss er *für immer* ... allein bleiben."

„Für immer? ... mein Herr, mein Gott ... allein ... *für immer?"*

„Ja, Mensch ... für immer ... *es sei denn ..."*

„Es sei denn was?", schrie der Mensch auf diese schwache Andeutung von Hoffnung hin. „Sag es mir! Es sei denn *was?!"*

„Es sei denn ..." Der Herr hielt inne.

„Hab doch Erbarmen mit mir und sag mir: was?"

Die Antwort kam ruhig und ausgeglichen. „Es sei denn, der Samen fällt zufällig in die Erde und hört auf zu existieren." Daraufhin ließ der Herr den Samen in die Erde fallen.

Der Mensch stürzte zum Ort des Begräbnisses und rief aus: „Aber ich kann doch nicht in die Erde fallen und aufhören zu existieren." Er hielt inne, senkte seine Stimme und fügte hinzu: „Ich meine ... nun ... das kann ich doch nicht, oder?"

Der Herr wandte sich um, blickte in eine weit entfernt liegende Zeit und murmelte: „Vielleicht – vielleicht könnte so etwas eines Tages eintreten."

„Aber", unterbrach ihn der noch immer aufgeregte Mensch, „was würde das nützen?" Wieder starrte er auf die feuchte Erde. „Welchen Vorteil hätte es, wenn *ich* für immer in der Erde verschwinden würde? Wenn dann mein Gegenstück erscheinen würde, wäre mein *Gegenstück allein."*

„Hast du nicht bemerkt, Mensch – sicherlich hast du das –, dass der Samen zu guter Letzt wieder *zum Leben kommt?* Er erhebt sich aus der Gefangenschaft seines irdischen Gemaches. Und wenn er dann auferstanden ist, dann ist der Samen nicht mehr länger nur *ein* Samen. Und nicht mehr länger allein. Der Samen besteht dann aus *vielen."*

„Aber ich will dir ein Geheimnis verraten. Der Samen ist immer noch ... *einer."*

Der Mensch stand beinahe bewegungslos da, während er seine Augen zuerst auf die Erde und dann auf das Gesicht Gottes richtete. Langsam, aber mit steigender Erwartung, antwortete er:

Alles, was ich gehört,
kann ich nicht völlig versteh'n.
Deine Gedanken sind höher als jene,
die mir eröffnet sind.
Ich kann deine Sicht nicht erfassen.
Doch auch Engel und Erzengel nicht,
haben solchen Gedanken jemals gedacht.
Aber dies ich erkläre:
Mache zum Samen mich!
Pflanze mich jetzt, in dieser Stunde,
in jene Erde,
aus der ich kam.
Sei es aus deinem Finger
oder aus meinem Herzen,
bringe hervor nun
mein Gegenüber.

Diese Worte schienen für den Schöpfer ein ewiges, wachsames Warten zu beenden.

„Du, der du mein Bild bist, bist bereit, wie dieser einzelne Samen in die Erde zu fallen, damit du auf diese Weise deine Reise der Einsamkeit beendest? Du bist bereit, *das* zu tun, um aus deinem Leben ein Leben zu gewinnen? Du könntest in die Erde fallen und zu existieren aufhören, um wie dieser Samen zu werden – zu vielen. Bist du gewillt, dies zu tun, um ein Gegenstück zu haben?"

Der Mensch wandte sich um, sah seinem Gott ins Angesicht und rief in einem Tonfall eindeutiger Gewissheit: „Das bin ich! Das bin ich!"

Gott der Herr hob zuerst seine Augen, dann seine Hand hinauf zum himmlischen Reich. Die Antwort kam unverzüglich.

Die himmlischen Heerscharen stürmten in das sichtbare Reich.

Eine wilde, freudige und erwartungsvolle Menge waren sie, als sie ihren Schöpfer und seine höchste Schöpfung umringten. Bald waren die beiden von dem Licht und dem Lobpreis der Engel umgeben. Inmitten dieser himmlischen Kundgebung erhob der Herr erneut seine Hand und brüllte donnernd und ungehemmt eine Erklärung hinaus.

„Für den Menschen", rief er. „Für den Menschen werde ich nun ein Gegenüber bauen. Art nach seiner Art!"

Der Lobpreis verstummte. Verblüfft standen die himmlischen Heerscharen da und schwiegen. Das waren Worte, die sie nicht verstanden. Was Gott da angekündigt hatte, war, so wussten sie sehr wohl, vollkommen unmöglich.

„Dies ist der achte Tag, nicht wahr?", erkundigten sie sich untereinander.

„Ja wirklich, es ist der achte Tag, nicht der sechste."

„Und unser Herr hat verkündet, dass die Schöpfung und alles Schaffen am sechsten Tag beendet worden ist, nicht wahr?"

„Kann ein Mann ein Kind zur Welt bringen?", wisperte ein Engel, während ein anderer sein tiefstes Inneres nach einer Offenbarung durchforschte.

Wie kann das Bild Gottes aus zweien *bestehen, wenn Gott* einer *ist?* war die unbeantwortete, unausgesprochene Frage, die im Geist eines jeden Engels brannte.

Der Herr wandte sich der neben ihm stehenden rötlichen Kreatur zu, um diese nicht zu beantwortenden Fragen für sie zu beantworten.

„Du entstammst der Erde. Aus diesem Erdboden habe ich dich hervorgebracht, aber dein Gegenstück werde ich *nicht* aus diesem Erdboden machen." Der Herr hielt inne. Jeder einzelne Engel beugte sich vor. „Nein, nicht aus dem Erdboden ... sondern hieraus!"

Alle Augen, sowohl die des Menschen, als auch die der Engel, folgten dem Finger Gottes. Ein unterdrücktes Keuchen brach aus ihnen allen hervor. Der Finger Gottes war nun ganz deutlich auf die Seite des Menschen gerichtet.

„Dein Gegenüber ist, sogar jetzt, *in* dir verborgen!“, verkündete der Herr. „Das Gegenüber soll nicht nur *für* dich sein, sondern *von* dir und *durch* dich – von deinem Leben, von deinem Körper. Das Gegenüber wird zu *deinem* Sein gehören. Es soll eine Erweiterung deiner selbst sein! Knochen von deinem Knochen. Fleisch von deinem Fleisch. Sein von deinem Sein. Geist von deinem Geist.“

„Oh!“, rief einer der Engel leise aus, während er seinen Kopf ein wenig zur Seite neigte, um einem anderen etwas zuzuflüstern. „Dann ist es ja gar keine Schöpfung. Es ist irgendwie eine Sache des Bauens.“

„Aber was ist mit Gottes Einheit?“, fragte ein noch immer neugieriger Engel.

„Woher soll ich das wissen?“, war die verwunderte Antwort. „Wir sind erst seit dem Beginn von Zeit und Ewigkeit hier ... *vorher* waren wir es nicht!“

Das Flüstern verschwand. Der Herr blickte wie gebannt auf den Menschen. Langsam erhob er seine Hand und führte sie am Gesicht des Menschen vorbei.

Die Engel hielten den Atem an.

Der Mensch glitt zu Boden und lag ganz regungslos da. Eigentlich *zu* regungslos.

„Hat der innere Teil ... aufgehört zu existieren?“

„Ich glaube nicht, er leuchtet noch.“

„Aber wie kann *irgendetwas* so ... so regungslos sein?“

„Lass uns darauf vertrauen, auch angesichts dieses seltsamen Anblicks, dass immer noch alle Dinge in Gottes Schöpfung gut sind.“

Wenn nun jemand seine Hand ins Wasser steckt, dann wird er ganz bestimmt Wasser mit herausholen. Und wenn jemand – zufällig – seine Hand in die Erde steckt, dann wird er sicherlich Erde mit herausholen. Daraus folgt, dass der Lebendige Gott, wenn er seine Hand in die Seite des Menschen stecken würde, zweifellos menschliche Natur mit herausholen müsste. Und genau das tat er auch, als er aus dem *Inneren* des Menschen einen Teil dieses Menschen herauszog. Ein Teil des menschlichen Wesens war nun vom Menschen *getrennt,* und doch gehörte dieser Teil immer noch zum Menschen.

Die Engel standen sprachlos da und sahen zu, wie der Mensch aufhörte, einer zu sein und doch einer blieb.

„Seht ihr", sagte der Herr sanft, „da ist etwas ... *jemand* ... *in* Adam verborgen."

Der Herr holte aus der Seite des Menschen einen Knochen hervor – einen schwach *leuchtenden* Knochen – und hielt ihn hoch, damit alle ihn sehen konnten.

„Der Mensch ist nicht länger einer. Er ist geteilt, und doch sind beide Teile ... noch immer dieser Mensch", verkündete der Herr.

„Niemals hätte ich gedacht, dass so etwas möglich ist", sagte einer der Engel zu sich selbst. „Wahrlich, es gibt in den Wegen Gottes viele Wunder zu entdecken."

Gott der Herr wandte sich nun um und sah die himmlischen Heerscharen an.

„Aus diesem Knochen, der von den inneren Teilen des Menschen genommen wurde, werde ich seine Gefährtin *bauen."*

„Er ..." Die Stimme des Herrn zitterte. Die Engel erstarrten vor Anspannung, einige griffen instinktiv nach ihren Schwertern.

„Der Mensch ... soll nun jemanden neben sich haben. Jemanden aus seinem eigenen Wesen, sein Sein ... erweitert. Ich werde nun Fleisch aus seinem Fleisch bauen. Knochen aus seinem Knochen. Auf diese Weise wird er sein Gegenstück gewinnen. Ein Gegenstück, das Einheit ist. Ein Gegenstück, dem er ... seine Liebe ... zuwenden kann."

Wie *eine* Kreatur neigten die Engel ihre Gesichter zur Erde. Irgendeine vage Offenbarung des sich darbietenden Schauspiels hatte einen Weg in ihren Geist gefunden. Sie richteten sich wieder auf und begannen, leise zu singen, als der Schöpfer nun zum Baumeister wurde.

Bald verstummte der Gesang und Stille breitete sich aus, denn die vor ihnen liegende Szene fesselte ihr ganzes Wesen.

Kapitel 5

„Wartet, hier gibt es keinen Widerspruch“, sagte einer der Engel und nahm damit seine leisen Nachforschungen wieder auf. „In unserem Reich, dem *Unsichtbaren,* gibt es keine Gegenstücke. Aber im Reich des Menschen – in der sichtbaren Welt – haben *alle* Dinge Gegenstücke. Deshalb ist es ganz natürlich, wenn auch der Mensch ein Gegenstück besitzt.“ Der Engel richtete sich zu seiner vollen Größe auf, wie jemand, der gerade im Begriff ist, ein großes Geheimnis zu lüften. „Es ist eine Frage des Sichtbaren oder *nicht* Sichtbaren. Obwohl der Mensch das Bild Gottes ist, *ist* er sichtbar. Und Gott ist unsichtbar. Darin liegt der Unterschied! Unsichtbar, geistig ... kein Gefährte. Sichtbar, körperlich ... ein Gefährte.“

„Dennoch“, verwunderte sich die gesamte Zuhörerschaft, die neben ihm stand, „dennoch, wenn das *Bild* einen Gefährten haben kann, warum kann dann Gott – das *Original* – keinen Gefährten haben? Und außerdem ist der Mensch gar nicht *nur* Teil des materiellen Reiches. Er gehört teilweise auch zum geistigen Reich. Er ist nicht ganz genauso wie die Tiere, weißt du. Er leuchtet!“

Die geflüsterte Unterhaltung endete abrupt.

Während der Herr arbeitete, wurde die Gestalt des neuen Wesens erkennbar. Plötzlich bewegte sich einer der Erzengel – der

Engel des Lichts – durch die Menge und näherte sich dem Herrn. Ein erstauntes Gemurmel erhob sich bei den himmlischen Heerscharen. Dass irgendjemand ihren Herrn in einem solchen Moment belästigen würde, war ziemlich ... unengelhaft!

„Dürfte ich in Worte fassen, was sich jeder von uns bereits in seinem Geist gefragt hat?"

„Das darfst du", entgegnete der Herr.

„Du gestaltest für den Menschen ein Gegenüber. Wirst du auch für *dich selbst* ein Gegenüber erschaffen?"

Bestürzung brach aus in den Reihen der Engel. Ein solches Verhalten hatten sie noch nie erlebt, auch hatte sich noch nie jemand eine derart unangemessene Frage ausgedacht. Und ganz bestimmt war eine solche Frage noch nie ausgesprochen worden.

Die Antwort des Herrn kam mit einer zermürbenden Gelassenheit.

„Die Schöpfung ist beendet. Wie kann ich erschaffen, wenn die Schöpfung abgeschlossen ist? Nein, bei der Unveränderlichkeit meiner eigenen Natur und der Zuverlässigkeit meines Wortes, alles Schaffen ist für immer zu Ende."

Es war eine Endgültigkeit in dieser Erklärung, die alle Fragen aufhören ließ.

Der Erzengel entspannte sich, während die Anspannung der anderen Engel noch zunahm.

„Nein", erklang die Stimme des Herrn, wieder so ruhig, so leise, dass sich die Engel anstrengen mussten, um sie zu hören. „Weder der Mensch noch ... ich ..." Er hielt inne. „Weder dieser Mensch noch irgendjemand sonst soll ein Gegenüber aus dieser Schöpfung haben. *Alles Schaffen* ist beendet. Somit könnt ihr in dieser Stunde das letzte Gegenüber vermerken, das *diese* Schöpfung jemals sehen wird."

Er wandte sich jetzt um und sprach den Erzengel von Angesicht zu Angesicht an. „Es würde eine vollkommen neue Schöpfung erfordern – und damit das Ende von dieser hier –, um eine so großartige Tat zu vollbringen. Auch könnte *ich* niemals ein *erschaffenes* Gegenstück haben. Eine Art nach meiner Art müsste notwendigerweise *unerschaffen* sein – nicht wahr –, denn *ich* bin unerschaffen! Dennoch ...“

Die Unterhaltung endete. Der Herr wandte sich wieder seiner Arbeit zu. Der Erzengel, dessen Neugier ein wenig befriedigt war, kehrte an seinen vorgeschriebenen Platz über den Engeln und neben dem Thron zurück.

Nun machte sich der Meister der Schöpfung erneut – und eifriger denn je – daran, die schimmernde, leuchtende Gestalt zu formen, die nur wenige Momente zuvor nicht mehr gewesen war als die Rippe eines Menschen. Ganz plötzlich und unerwartet hörte er auf. Seine Bewegungslosigkeit war so vollkommen, dass sie den himmlischen Heerscharen einen kalten Schauer über den Rücken jagte. Langsam, zuerst nicht einmal wahrnehmbar, begann das Licht im Inneren des Herrn aufzuleuchten. Und es wurde noch heller, als sich die Offenbarung in ihm verstärkte. Unter den Engeln brach Unruhe aus, als dieses anwachsende Licht zuerst die Engel, dann die Erde, dann die Galaxie einhüllte. Aufwärts, hinaus erhob sich das Licht, bis seine Helligkeit die ganze sichtbare Schöpfung verschlungen hatte.

Da gab es keine Frage. Seit dem Moment, in dem Gott zum ersten Mal den Schöpfungsgedanken ersann, hatte der Glanz der Offenbarung nicht mehr solch eine Helligkeit gekannt.

Noch höher – und heller – stieg das Licht empor, strömte in den himmlischen Ort und erfüllte jeden Winkel des unsichtbaren Reiches. Die Länge und Breite der Schöpfung war nun verschlungen im Glanz des Lichtes Gottes, da dieser über ... ein Gegenstück nachdachte!

Die Engel verfielen angesichts solchen Glanzes in Entsetzen. Ihr eigener Geist, der nun in Gott versunken war, begann, mit dem Gedanken Gottes in Berührung zu kommen. Sie ertranken in Stürmen wirbelnder Offenbarung.

Langsam klang die Offenbarung ab, was den Engeln einen Moment Zeit ließ, darüber nachzusinnen, welcher *letztendliche* Gedanke nun durch Gottes Wesen geschossen war. Welches Meisterstück würde nun aus seiner Hand hervorgehen? Schließlich konnten ihre Blicke das Licht durchdringen und das Gesicht Gottes wieder erkennen. Ein Gesicht, auf dem Begeisterung und Freude zu lesen waren.

Einer der Engel wisperte, als er an den ihm zugedachten Platz wankte: „Er hat über das Gegenstück des Menschen nachgedacht. Er hat sie im Auge seines Geistes *gesehen.* Aber irgendwo jenseits dieser Sicht, so scheint mir, hat er eine höhere, weitaus größere Offenbarung erhascht. Aber was war es?"

„Das ist ein Geheimnis, verborgen in unzugänglichem Licht", erwiderte ein anderer.

Mit nun zitternden Händen begann der Meister der Schöpfung nun wieder zu bauen und zu formen, zu gestalten und wiederum zu formen. Und während das Wesen, das er formte, seine endgültige Gestalt annahm, fielen erneut ehrfürchtige und verblüffte Engel angesichts des vor ihnen liegenden Wunders auf ihre Knie.

Ein Engel schrie, äußerst respektlos, die Gedanken aller laut heraus: „Er macht keinen weiteren Isch. Diese hier ist ähnlich, aber dennoch verschieden. Wie es die Löwin für den Löwen ist, so ist diese *Aus-dem-Menschen.* Aber niemals, niemals", schrie der unberechenbare Engel, „war Löwe oder Löwin so schön wie diese!"

Ein weiterer Engel brach die Grenzen der Zurückhaltung.

„Und noch nicht einmal der Mensch war so schön wie diese!", rief er aus.

Daraufhin brachen die Himmelsgewölbe auf, und mit einem Geschrei aus voller Kehle proklamierten alle himmlischen Wesen:

Niemals war
noch wird jemals sein
etwas so Wunderschönes
wie sie allein.
Bei allen Heeren am
himmlischen Hof,
bei allen Wesen auf
irdischem Grund,

egal welcher Stamm,
egal welche Rasse,
kann doch nur ein Anblick allein
so wunderschön wie diese hier sein.
Es ist das Antlitz
Gottes.

Kapitel 6

„Ich bin sicher, dass ich es jetzt verstehe."

„Was denn?"

„Das Licht ... das Licht, das uns vorhin beinahe verzehrte! Unser Gott kann kein Gegenüber haben; dennoch sah er vor seinem inneren Auge, wie sie wäre ... *wenn* sie jemals existieren könnte ... *die Gefährtin Gottes.* Durch Offenbarung sah er, wie es wäre, wenn er eine Ischa hätte! Dann hielt er sich diese Vision vor Augen, eine Vision *seiner eigenen Gefährtin* ... und gestaltete dann den Knochen des Mannes in ein Gegenüber für ihn. Verstehst du es nicht!

Diese *Sie* wurde nach der Vision, die er von seinem eigenen Gegenüber hatte, geformt! Die Gefährtin des Mannes ist ein Bild des Gegenübers Gottes – eines Gegenübers, das Gott niemals haben wird."

„Wenn diese hier, die durch Gottes Hand geformt wurde, ein Bild ist, oh, wie wäre dann Gottes Gegenstück, wenn es tatsächlich existieren könnte!"

„Das ist etwas, was wir niemals erfahren werden."

„Auch Gott nicht."

„Dann ist es nicht verwunderlich", fuhr der Engel fort, „dass unser Gott, nachdem er dieses überragende Meisterwerk vollbracht hat, eine – wie du sicher bemerkt hast – nur schwermütige Freude empfindet."

Kapitel 7

Der Herr trat weg von der pulsierenden Gestalt, damit alle sie sehen konnten. Ein lebendiges, atmendes Wesen lag ruhig zu seinen Füßen, eingehüllt in ein schimmerndes Leuchten. Sie sah aus, als wäre sie aus Sonnenlicht gemeißelt worden.

Die Engel starrten eine ganze Zeit lang auf dieses vollkommen neue Wesen, dessen Gestalt, Umrisse und Gesichtszüge der Vorstellungskraft und dem Verstand zu fern lagen, als dass man sie hätte ersinnen oder erfassen können.

Hier war ein Gegenstück zum Menschen, Art nach seiner Art. Und nun – das wussten alle – konnte es Söhne des Menschen und Töchter des Menschen geben ... nach *seiner* Art.

Dass der Mensch – das Bild Gottes – „nach seiner Art" haben könnte, war ein Gedanke, der niemals zuvor ihren Geist gekreuzt hatte.

Es war *Aus-dem-Menschen,* die den Bann der Engel brach. Sie öffnete ihre Augen und sah sich neugierig um. Als sie sich erhob, stießen die Engel einen Schrei des Entzückens aus, erblickten sie doch wahrhaft königliche Anmut. Schließlich begegneten die Augen der Frau dem Angesicht Gottes, und während ihre Neugier dem Erkennen wich, neigte sie ihren Kopf ein wenig.

„Ihr seid mein Herr, mein Schöpfer und mein Gott."

„Das bin ich“, antwortete der Herr sanft.

Sie ließ ihre Augen weit über die himmlischen Heerscharen hinweggleiten, dann wandte sie sich wieder ihrem Herrn zu.

„Es gibt nur *einen* von dir“, bemerkte sie.

Dann deutete sie lächelnd auf die Engel.

„Es gibt *viele* von euch.“

„Und ich ... bin ich nur eine? Oder bin ich viele?“

Die Antwort kam genauso schnell wie überraschend, denn sie bestand aus nur einem Wort.

„Geh“, sagte der Herr, während er in eine Richtung zeigte, die dem Ort, an dem der Mann schlief, vollkommen entgegengesetzt war.

„Geh. An den Engeln vorbei. An den Tieren vorbei. Zu den Hügeln. Zu den Bergen. Geh und warte dort.“

Die Frau streckte ihre Hand aus und berührte die Hand Gottes, dann drehte sie sich um und verschwand nach Westen.

Der Herr wandte sich um und bewegte sich nach Osten. Die Engel folgten ihm, ihre Gedanken waren eins.

„Sie war im Menschen. Genau da war sie verborgen, in ihm! Ungesehen, unbemerkt ... von jedem sterblichen Verstand. Und doch war sie da, die ganze Zeit, *in* ihm. Sie war ein nicht offenbartes Geheimnis, verborgen *im* Menschen.“

„Und den Alten an Tagen, wir kennen ihn gut und doch überhaupt nicht.“

„Welches Geheimnis könnte es – lange bevor wir kamen – noch gegeben haben?“

„Welches Ding, welches wunderbare *Geheimnis* könnte noch *in* ihm verborgen sein?“

„Ein Gegenstück *in* Gott? Art nach seiner Art? Wesen aus seinem Wesen? Natur aus seiner Natur? Und ... Söhne Gottes! Und Töchter Gottes!“

„Könnte es sein, dass so etwas in Gott verborgen ist, ein ... Nein! Natürlich nicht. Der Gedanke ist undenkbar!“

Kapitel 8

Der Herr blickte intensiv auf die Öffnung in der Seite des Mannes. Die Zeit schien sich vor seinen Augen vorwärts zu bewegen. Er betrachtete irgendeine entfernte Szene, die kein anderes Auge sehen konnte. Traurigkeit fiel auf sein Gesicht, als er vor der stillen, ruhigen Gestalt des Mannes niederkniete.

„So also ist es ... und wird es sein", sagte er, beinahe mit einem Seufzen. Zärtlich verschloß er die Wunde – die Wunde, aus der das Gegenstück *des Menschen* gekommen war.

Dann flüsterte der Herr der bewegungslosen Gestalt etwas zu. „Einst warst du einer, doch ein großes Geheimnis befand sich in dir. Nun bestehst du aus zweien. Aber so wie meine Natur ist, so ist auch deine. Du musst bald *wieder ... einer* werden!"

Der Mann öffnete seine Augen, und schon im ersten Moment seines Bewusstseins griff er aufgeregt nach seiner Seite. Seine Augen weiteten sich.

„Halleluja!", rief er aus. „Es fehlt etwas!"

Er sprang auf seine Füße, wirbelte umher und rief, „Wo ist sie! Wo ist meine Aus-dem-Menschen?"

„Mensch", antwortete ein ruhiger, aber ziemlich ignorierter Gott, „ich würde gern einen Augenblick mit dir spazieren gehen."

„Ja! Ja! Aber wo ist sie?"

Der Herr wartete.

Mensch ließ seine Hände sinken, wandte sich dem Herrn zu und lächelte. „Du hast die Engel flink und pfeilschnell gemacht, du selbst aber bewegst dich manchmal langsamer als ich!" Daraufhin gesellte er sich zu seinem Herrn und sie gingen zusammen spazieren.

„Dein Wesen ist geteilt worden, Mensch. Und doch ist es dasselbe geblieben. Sie ist von dir, aus dir und eins mit dir ... und doch nun getrennt."

„Du bist mein Bild und wirst es immer sein. Deshalb muss sie zu dir zurückkehren, diese Substanz von deiner Substanz. Sie muss – noch einmal – *eins* werden mit *dir.*"

„Ich verstehe das, was du gesagt hast, nur zum Teil", antwortete der Mann langsam.

„Es ist nicht nötig, dass du es verstehst. Aber es ist wichtig, dass du ihr deine ganze Liebe schenkst. Denn nun hat deine Liebe endlich ein Ziel."

Der Mann verriet verborgene Zweifel, als er antwortete: „Ich habe diese Liebe, die in mir schlägt, noch niemals ausgedrückt! Werde ich ..."

„Ich habe aus deinem Wesen eine *Sie* gestaltet. Und, ja, du wirst wissen, wie du diese Liebe, die jetzt noch in dir gefangen ist, ausdrücken kannst."

„Und ... und dann?"

„Dein Gegenstück wird diese Liebe natürlich an dich zurückgeben."

Der Mann hielt inne. „Du meinst", antwortete er, wie betäubt von der Ahnung, die nun durch ihn hindurchjagte, „du meinst, dass Liebe nicht nur gegeben, sondern auch *empfangen* werden soll? Liebe wird zurückgegeben werden?"

Der Herr selbst erzitterte bei diesen Worten. „Ja. Gegeben ... *und* empfangen", antwortete er.

Der Mann drehte den Kopf, um seinen Blick ganz auf das Antlitz Gottes zu richten, und erkundigte sich dann: „Und wie wird eine solche Erfahrung sein, die Erfahrung, Liebe von *einem anderen als* ... Liebe von einem Gegenüber zu empfangen?"

Ein tiefer Ausdruck von Traurigkeit fiel auf das unvergleichliche Angesicht.

„Im Innersten meines Wesens gibt es intensive Gemeinschaft ... und Liebe, von der du nichts weißt. *Im Innersten* meines Wesens gibt es einen Austausch der Liebe von Vater und Sohn ... einer Liebe, von der du ein Abbild bist. Die Tiefe und Breite *dieser* Liebe liegt jenseits aller sterblichen Vorstellungskraft. Aber die Liebe eines Gegenstücks ... das ist eine Entdeckung, die dir zuteil wird und nicht mir ... Es ist eine Erfahrung, die du machen wirst, *bevor* ich es tue!"

„Nun warte hier. Warte, bis du siehst ... oder hörst."

Mit diesen Worten verschwand der Herr.

Kapitel 9

Um die Leere ihrer Einsamkeit zu füllen, war sie tief in unerforschte Gegenden hineingewandert. Obwohl sie dabei hin und wieder innegehalten hatte, um das Schöpfungswerk ihres Herrn zu bewundern, begann das Meer der Verlassenheit, das sie umgab, ihr gesamtes Wesen zu verschlingen.

Ein Verzweiflungsschrei, der ihrer inneren Sehnsucht Ausdruck geben sollte, wollte sich ihrer Kehle entringen, als plötzlich der Herr vor ihr erschien. Eine lange Zeit erforschte er die tiefe Einsamkeit, die so offensichtlich auf ihrem Gesicht geschrieben stand.

„Gibt es etwas in meiner Schöpfung, das nicht gut ist?“, erkundigte sich der Herr.

„Mein Herr, mein Gott, mein Schöpfer, diese Schöpfung ist schöner, als ich es ausdrücken kann. Aber ich bin hier, ganz allein.“

„Ja, ich weiß. Auch ich habe sehr lange in der Einsamkeit gewohnt.“

„Werde ich für immer allein sein? Bin ich die einzige meiner Art?“

„Ich werde deine Frage jetzt beantworten“, entgegnete der Herr. „Ich werde alle irdischen Kreaturen an diesen Ort kommen lassen.“

Daraufhin erhob er seine Hand. In weiter Ferne wandten sich alle Tiere aller Arten nach Westen um.

Während die Tiere in Massen über den Horizont strömten, bildeten sie allmählich einen Kreis um ihren Gott und das wunderschöne Wesen neben ihm.

„Sie kommen immer zu zweit", bemerkte sie leise.

„Betrachte sie sorgfältig, Eva, und lausche, während du dies tust, dem Geist in deinem Inneren."

Sofort und zum ersten Mal spürte Eva einen Ort in sich ... einen tiefen, verborgenen, *geistigen* Ort. Und mit dieser Entdeckung ergriff sie einen vollkommen neuen Bereich ihres Wesens. Eine Offenbarung loderte in ihr auf.

Jetzt mündete die Offenbarung in eine Äußerung.

„Alles hier befindet sich in seiner richtigen Ordnung. Dennoch ist irgendetwas in meinem Leben *nicht* in Ordnung."

Als das letzte Tier an ihr vorüberzog, sah sie erneut ihren Schöpfer an, doch sie sprachen kein Wort.

Der Herr erhob seine Hand und deutete auf einen entfernten Ort, woraufhin die beiden sich auf den Weg machten, langsam einen sehr hohen Berg hinaufzusteigen.

„Ich bin schön", sagte Eva schließlich mit kindlicher Unschuld. „Vielleicht schöner als irgendeine der anderen Kreaturen. Du hast mich so gemacht. Und ich kann lieben. Nein ... ich *liebe* bereits. Aber da ist niemand, den ich lieben kann."

Sie hielt abrupt inne.

„Ich bin eine Löwin, doch es gibt keinen Löwen."

Ein Hauch von Freude schlich sich in seine Worte, als der Herr antwortete: „Wahrlich, du bist ein unglaubliches Wesen." Dann lächelte er sanft und fügte hinzu: „Und, ja, ich habe dich so gemacht! Du bist vollkommen, Eva. So vollkommen, wie etwas *Erschaffenes* vollkommen sein kann. Und weder du – noch irgendeine andere Kreatur – kann über diese gegenwärtige Vollkommenheit hinausgelangen, es sei denn, du nimmst das in dir auf, was *nicht erschaffen* ist."

„Ich verstehe nicht, mein Herr."

„Nur *Göttlichkeit* ist *wahrhaftig* vollkommen“, entgegnete er. „Aber du hast meine Frage nicht beantwortet, Eva. Gibt es irgendetwas in meiner Schöpfung, das nicht gut ist?“

Die Frau zögerte, während sie mit der Frage kämpfte und versuchte, eine Antwort zu formulieren. Plötzlich huschte ein Lächeln über ihr Gesicht.

„Aber, mein Herr, ich kann deine Frage nicht beantworten, bevor du die Meine beantwortet hast. Bin ich allein oder gibt es jemanden, der mir ähnlich ist?“

„Welch eine erfreuliche Gesellschaft wirst du für deinen Gefährten sein ... wenn ein solcher Gefährte existiert!“, entgegnete der Herr mit einem entzückten Lachen.

„Tut er es?“, fragte sie erneut.

„Eva, du bist nicht allein. Ja, es gibt noch jemanden wie dich. Und ... Eva ... er wartet gerade jetzt auf dich. Geh! Geh und finde ihn.“

Mit diesen Worten verschwand der Herr ein weiteres Mal.

Und Eva flüsterte: „Dann, mein Herr, werde ich deine Frage beantworten. Ja! Alle Dinge *sind* gut.“

Kapitel 10

Sie bewegte sich in einem immer weiteren Umkreis, über Wiesen und Hügel, und immer war sie auf der Suche. Die tiefe Sehnsucht in ihrem Herzen verstärkte sich mit jeder Stunde, die verging. Aber immer noch war kein *Er* zu finden.

Verzweifelt streckte sie ihre Hände zum Himmel empor und schrie: „Wo ist er? Wo ist mein *Er?*"

Wieder vernahm sie die Worte ihres Gottes: „Höre auf den Geist, tief in deinem Inneren."

Daraufhin bäumte sich der Geist in ihr auf. Das sanfte Leuchten, das sie umgab, erstrahlte nun in beinahe engelhafter Intensität. Sie spürte die Atmosphäre, und dort, auf dem höchsten aller Berge, nahm sie die ganze ihr verbliebene Kraft zusammen, um laut zu rufen.

„Herr! Herr Adam! Komm, Herr Adam. Komm schnell!"

Noch einmal spürte sie die Atmosphäre um sich herum. Noch einmal brach das Leuchten des Geistes in neuem Glanz aus ihr hervor. Sie wirbelte herum und begann, mit aller Macht nach Osten zu rennen.

Kapitel 11

Weit jenseits des fernen Horizontes, auf einem anderen Berg, schnellte ein erschöpfter und betrübter Mann in die Höhe und wandte sich dabei nach Westen. Irgendetwas in seinem Geist hatte sich aufgebäumt. Er leuchtete nun in einem Licht, das sicher dem der Engel gleichkam.

„Sie ist da. Irgendwo. Ich spüre sie. Sie ruft. Nach *mir!*“

Erfüllt von Aufregung stürmte er den Berg hinunter, übersprang Bäche, umlief Felsen, schwang sich über Rinnsale. Es war beinahe Wahnsinn darin, wie er nach Westen stürzte.

Er war sich jetzt sicher. Sie war nah und auch sie bewegte sich ... auf ihn zu ... und zwar mit der gleichen Hingabe.

Niemals zuvor und niemals seitdem hat sich ein Mensch so schnell fortbewegt. Sogar die Luft pfiff auf seinem Weg.

Über Ebene und Wiese kam sie und hielt immer nur so lange inne, wie sie brauchte, um wieder die tiefen Instinkte ihres geistigen Wesens zu spüren. Dann stürzte sie weiter, mit dem Äußersten, was die Gesetze der Natur ihr an Geschwindigkeit erlaubten.

Beide wussten noch nicht, dass sich ihre Wege gerade am Eingang des Gartens Eden kreuzen würden.

Obwohl er noch weit weg war, erhaschte er für einen klaren Moment lang einen Blick auf sie. „Ich habe sie gesehen. Sie ist da draußen. Ich habe sie gesehen! Eine helle Gestalt, mir ähnlich. Ich habe sie gesehen, aber sie ist wieder verschwunden." Noch einmal stürzte er sich mit neuem Schwung vorwärts.

Dann hörte er in weiter Ferne, dieses Mal nicht mit dem Geist, sondern mit seinen Ohren: „Komm, Herr Adam, komm!"

Halb wahnsinnig schoss er auf das Echo dieses Geräusches zu, wobei er geradezu schrie:

Siehe da, ich komme! Ich komme!

Hinter einer der riesigen Wurzeln, die zum Baum des Lebens gehörten, kam die leuchtende Gestalt erneut zum Vorschein. Er konnte sie jetzt deutlich sehen, und sie war schöner, als er es sich jemals hätte träumen lassen. Noch einmal entschwand sie den Blicken des Mannes, dessen Nerven die Anspannung nun kaum noch aushielten.

„Meine Sie, meine Sie!", schrie er, halb laufend, halb stolpernd. Bestimmt hatte sie ihn gesehen, dachte er. „Und auch sie lief mit derselben ungestümen Eile. Sie sehnt sich danach, zu *mir* zu kommen!" Mit diesem Gedanken donnerte er, während er noch rannte, über sein Weinen hinweg:

Ich liebe dich. Ich liebe dich. Hörst du mich? Ich liebe dich!

Nun konnte er sie wieder sehen. Der Raum, der sie voneinander trennte, verringerte sich schnell. Dann blieben beide plötzlich stehen, unsicher, was als Nächstes zu tun sei. Wieder brüllte der Mann, „Hörst du? Ich liebe dich!" Spontan flogen sie einander in die Arme, als er ihre Antwort vernahm, die keinen Raum mehr für Zweifel ließ. „Ich liebe dich auch. Ich liebe dich ... wie du mich liebst."

Mit Freude, mit Geschrei, mit Lachen und mit Tränen hingen sie in wilder Umarmung aneinander, während der Mann nicht abließ auszurufen: „Du bist wunderschön. Schöner als Erzengel. Und ich liebe dich, ich liebe dich."

Als sie endlich dazu in der Lage war, antwortete sie: „Und ich liebe dich auch."

Während er in einem glückseligen Rausch lachte und vor hemmungsloser Freude jubelte, entließ er sie aus seiner Umarmung und hielt sie in seinen mächtigen Armen in die Höhe. Er warf den Kopf zurück und brüllte zum Himmel:

Ich liebe! Endlich liebe ich. Und die Liebe wird erwidert.

Mit kindlicher Begeisterung hielt er sie eine Armlänge von sich entfernt und schrie erneut, ganz außer sich: „Hast du es gewusst? Hast du gewusst, dass du einmal in *mir* warst? Verborgen *in* mir! Hier. Schau! Du! So ein wunderschönes Wesen wie du. *In mir.* Genau hier in meiner Seite. Da warst du. Und hast du gewusst – du bist gemacht ... aus *mir!* Wir ... wurden ... getrennt. Nun sieh uns an. Wir sind wieder zusammen. Du bist zu mir zurückgekommen!" Er zog sie an sich und wirbelte sie im gleichen Moment herum.

„Zusammen. Für immer!"

Seine abschließenden Worte schienen über die Schöpfung hinwegzudonnern.

Er hielt sie nun dicht an seiner Seite, blickte rasch umher und erhob dann seine Hand zum Himmel.

Schöpfer, Herr.
Höre mich!
Engel, hört mich!
Seraphim und Cherubim.
Kreaturen aus der Tiefe,
auf dem Land
und in der Luft.
Ich bin wieder ***eins****.*
Seht da, mein Gegenstück!
Schöner, herrlicher
als alle Reiche zusammengenommen.
Endlich!

Gebein aus meinem Gebein,
Fleisch aus meinem Fleisch.
Und ich ... Mensch!
Dein irdischer Herr ... ich ...
ich ... bin ... nicht ... mehr ... allein!
Höre mich,
sichtbares Reich.
Höre mich,
unsichtbares Reich.
Die Einsamkeit ist zerbrochen
für immer!
Und nun, mein Herr,
mein Gott,
mein Schöpfer –
Es war nicht gut für den
Menschen,
allein zu sein.
Und ich bin ***nicht*** *allein.*
Von nun an,
für immer,
sind alle Dinge gut.

„Es fehlt nur noch eins, die letzte Vollendung aller Einheit – zuerst ... *du* in mir, jetzt ... *ich* ... in dir!"

So geschah es, dort in der klaren Schönheit des Garten Eden, einem Ort noch schöner als Himmel und Erde, dass er sie erneut umarmte. Und während die Engel jubelten angesichts dieser ursprünglichen Unschuld, wurden der Herrscher der Erde und sein Gegenüber wiederum ... ein Fleisch.

Kapitel 12

Unbemerkt von den Augen seiner Schöpfung zog sich Gott der Herr leise zurück. Während die Engel angesichts der Freude des Menschen in Jubel ausbrachen, erhob sich der Herr über die Erde, über den Himmel. Er erreichte das Reich der Himmel, doch stieg er noch höher empor. Über das himmlische Reich hinaus erhob er sich. Zurück an diesen Nicht-Ort, außerhalb der Zeit, außerhalb der Ewigkeit ... zurück dahin, wo er die *Allumfassenheit* war.

Dort, in der Einsamkeit, der Einsamkeit, in der er sich so lange befunden hatte, ließ Gott der Herr aus der Tiefe seines Herzens einem Aufschrei des Leides hören.

Nein. Nein!
Mensch!
Alle Dinge sind ***nicht*** *gut.*
Es ist nicht gut,
dass Gott
allein sein soll.

Kapitel 13

Es gibt Engel, die neugieriger sind als andere, und am Nachmittag des achten Tages konnte man zwei der neugierigeren dabei beobachten, wie sie über die Geschehnisse des Morgens nachsannen.

„Es gibt eine ganze Menge, das ich nicht richtig verstehe."

„Und das wäre ...?"

„Die Frau war *in* dem Mann. Richtig?"

„Wofür wir beide Zeugen waren!"

„Und der Mensch ist doch das Bild Gottes, nicht wahr? Gibt es dann etwas, das gerade jetzt *in* Gott ist?"

„Das fragst du mich?"

„Tue ich. Und ich frage dich noch etwas anderes. Sind der Mann und sein Gegenstück nicht wieder vereinigt worden – nicht noch einmal vollkommen *eins* geworden? Und ist es nicht wahr, dass er dort im Garten *in* ihr war?"

„So war es."

„Und der Mensch ist das körperliche und sichtbare Bild eines unsichtbaren Gottes! Ist er nicht das körperliche *Bild* geistiger Realität?"

„Diese Frage hast du schon einmal gestellt", erwiderte der andere.

„Nun, kommen wir zum Punkt. Ist es nicht möglich, dass Gott

der Herr eines Tages im Bereich des *Geistes* auch *in* etwas ... oder jemandem ... der vorher *in* ihm verborgen war, sein könnte? Jenes Wesen in ihm. Er in jenem Wesen?"

„*Wenn* wirklich jemand zur Zeit in Gott verborgen ist, dann nehme ich an, dass auch Gott eines Tages in diesem jemand verborgen sein könnte! Vielleicht. Ich weiß es nicht. Schließlich bin ich nur ein unsterblicher Engel."

Kapitel 14

Der Herr lud den Mann und die Frau ein, in Eden, dem Paradies Gottes, Wohnung zu nehmen.

Oft gingen sie dort mit ihm spazieren, und wenn sie dies taten, sprachen sie mit ihm über viele Dinge. Aber bei manchen Gelegenheiten zog er sich zurück – jedenfalls aus *ihrem* Blickfeld. Dann beobachtete er sie von einem fernen Ort aus – und sann darüber nach, wie dieses lebendige Bild seiner selbst lebte.

„Sie sind niemals voneinander abgelenkt, denn es gibt keine Ablenkung. In ihren Augen existiert nichts anderes!

Sie hat keinen Fehler an sich, ihre Schönheit ist vollkommen. Es gibt nichts Unvollkommenes an ihrem gesamten Wesen.

Er liebt sie uneingeschränkt und unaufhörlich. Und mit sich selbst aufgebender, unschuldiger, zügelloser Leidenschaft liebt sie ihn zurück.

Sie weiß mit völliger Gewissheit, dass ihr Platz an seiner Seite ist. In ihrem Herzen gibt es keinerlei Zweifel daran, dass er sie liebt. Nie stellt sie seine Liebe in Frage, sondern nimmt sie uneingeschränkt an.

Keinerlei Furcht, ihm zu missfallen oder ihn zu verlieren, überschattet ihre Liebe.

Sie ist schön, und sie weiß das, dennoch ist da kein Stolz. Eher ein tiefes, inneres Bewusstsein, dass er der Herr der Erde ist ... und sie seine vollkommene Gefährtin."

Gott der Herr wandte sich um und bewegte sich mit einem Lächeln fort, während er zu sich selbst flüsterte:

Und wenn dieser wundersame Tag kommt,
dann soll dies alles ... auf ***meine*** *Eva zutreffen.*

TEIL 2

Kapitel 15

Er hatte den ganzen Morgen dort gestanden, hoch auf dem Gipfel eines großen Berges in der Wüste, und aufmerksam nach Süden geschaut. Endlich, am späten Nachmittag, sah er es, zuerst als kleinen Fleck am Horizont, der allmählich wuchs, bis er zu einem bewegten Meer von Menschen wurde. Es war *sein* Volk, das er gerade erst aus der Sklaverei befreit hatte.

Morgen, das wusste er, würde er sich mit ihrem Anführer auf genau diesem Berg treffen und von Angesicht zu Angesicht über viele Dinge mit ihm sprechen, die auf seinem Herzen lasteten.

Einen Moment lang jedoch wanderten seine Gedanken zurück zum Garten Eden, zu jenem Ungehorsam, zu dem schrecklichen Fall des Menschen und damit dem Fall der gesamten Schöpfung. Noch einmal rief er sich die Sintflut und Noah in Erinnerung. Das Wasser war kaum zurückgegangen, da hatte der Kreislauf des Versagens schon wieder begonnen.

Heute würde er noch einmal von vorne anfangen. Aber was würde dabei herauskommen?

Die Flüchtlinge kamen nun deutlich in Sicht. Er konnte Mose an der Spitze ausmachen, die Zelte aus Tierfellen, das Vieh und die Schafe, ja, in einem vagen Umriss konnte er sein gesamtes Volk erkennen. Er starrte auf diese bewegte Masse von Menschen, bis das Bild vor seinen Augen verschwamm, und begann seine Gestalt zu verändern, bis es schließlich zu einer einzigen Person wurde. Nun sahen seine Augen keine Menschenmenge mehr, sondern ein wunderschönes junges Mädchen, das aus Ägypten kam und sich auf ihn zu bewegte.

„Bis zum Abend wird sie hier sein. Bald wird sie das Land betreten, das ich ihr versprochen habe. Dort wird sie zu einer vollwertigen Frau werden. Ich habe seit vor der Ewigkeit gewartet. Ich habe die ganze Weite des Kosmos nur für diesen einen Zweck geschaffen.

Ich frage mich ... ich frage mich. Wird sie lernen, mich zu lieben?“

Kapitel 16

Obwohl er schon über achtzig Jahre alt war, bewegte er sich mit schnellem und sicherem Schritt, als er den großen Felsen bestieg, um den herum sich eine Million Menschen versammelt hatten. Sie waren aus einem wichtigen Anlass gekommen, um ihn reden zu hören. Langsam, aber mit lauter und klarer Stimme begann er, ihnen die Geschichte ihrer langen und ehrwürdigen Vergangenheit zu erzählen. Dabei erinnerte er sie noch einmal an die übernatürlichen Ereignisse der letzen paar Tage.

„Nach der Sintflut, bei der die gesamte Menschheit aufgrund ihrer Bosheit und weil sie ihren Gott vergessen hatte, vernichtet worden war, brachte die Familie Noahs erneut Kinder hervor. Noch einmal bevölkerte die menschliche Rasse die Erde, und wieder wandten sich die Söhne des Menschen von ihrem Gott ab und füllten die Erde mit ihrer Niederträchtigkeit."

„Zum zweiten Mal bereute Gott der Herr, dass er die Menschen geschaffen hatte. Er gab sie auf. Noch einmal rief er eine einzige Familie dazu auf, ihm zu folgen. Heute seht ihr überall um euch herum die Nachkommen dieser Familie. Aus Abraham, Isaak und Jakob ist ein ganzes Volk geworden."

„Heute hat Gott der Herr dieses Volk dazu gerufen, in das Land zurückzukehren, in dem einst unser Vorfahr Abraham wohnte.

Wir sind dazu bestimmt, auf diesem Boden und von diesem Boden zu leben."

„*Ihr* seid es, denen der Herr seine großartige Liebe zugewandt hat. Aber seid nicht stolz deswegen. Denn er liebt euch nicht deshalb, weil ihr ein tadelloses und hervorragendes Volk wäret. Nein! Denn ihr seid die Söhne und Töchter von Sklaven, ein verachtetes Volk. Und er liebt euch auch nicht deshalb, weil ihr eine bedeutende und große Nation seid. Nein! Denn ihr seid das kleinste aller Völker."

„Warum liebt er euch dann?"

„Er liebt euch ... weil er euch liebt."

„Heute ziehen wir noch einmal hin zu jenem Land, das der Herr unserem Vater Abraham gab. Wenn ihr in dieses Land gekommen seid, werdet ihr stark und wohlhabend werden. In *jenen* Tagen vergesst euren Gott nicht. Wandelt nicht in den Wegen der Nationen, die euch umgeben. Wenn ihr das Land mit Ungerechtigkeit erfüllt, wie andere Völker das Ihre, dann werdet ihr mit Sicherheit das Missfallen Gottes erregen. Ja, sogar seinen Zorn heraufbeschwören."

„Erinnert euch an die Barmherzigkeit, die er uns erwiesen hat, an seine Treue im Land Ägypten und dort am Meer. Wenn nicht seine Barmherzigkeit gewesen wäre, dann wäre dieses Meer ganz sicher gerade jetzt unser Grab."

„Und was ist es, das der Herr von euch verlangt ... am heutigen Tage ... und an dem Tag, an dem ihr das Land betreten werdet, das er euch versprochen hat?"

„Ich habe vor ihm gestanden, von Angesicht zu Angesicht. Ich habe seine Heiligkeit gesehen ... und doch lebe ich! Ich habe seine Macht erfahren ... grenzenlos. Ich war in seiner Herrlichkeit versunken ... unbeschreiblich. Was fordert ein solcher Gott von uns? Nur eines. Vor allem anderen, *eine* Sache." Mose hielt inne, dann rief er aus:

Liebt ***ihn***
mit all eurer Kraft.
Liebt ihn
mit all eurem Verstand.
Liebt ihn
mit all eurer Seele.
Liebt ihn
mit all eurem Sein.
Liebt ihn!

Kapitel 17

Als sich die große Menschenmenge zerstreute und die Worte des Mose in den Ohren und Herzen fortklangen, kehrte das Volk nachdenklich in seine Zelte zurück. Und als sie sich in ihren Unterkünften versammelten, teilten sie ihre Gedanken miteinander.

In einer Familie, die zum Stamm Levi gehörte, fand folgendes Gespräch statt.

„O Vater, ich liebe ihn wirklich. Ich möchte ihm dienen. Noch heute werde ich mit Aaron sprechen. Ich möchte mein ganzes Leben dem Dienst widmen, dem Dienst an unserem wunderbaren Herrn ... an seiner Wohnung ... und an seinem Volk."

Nicht weit entfernt wandte sich eine Frau ihrem Mann zu, suchte einen Moment lang seinen Blick und teilte ihm dann ihr Herzensanliegen mit.

„O Gemahl. In Ägypten war das Leben für uns sehr viel einfacher als für die meisten unserer Landsleute. Und die Gaben, die uns bei unserer Abreise mitgegeben wurden, waren nicht gerade klein, selbst für einen Freien nicht – für einen Sklaven waren sie außerordentlich. Ich kann in deinen Augen sehen, dass du auch denkst, was ich denke. Unser Gott ist so gütig, so freundlich, und wir lieben ihn von ganzem Herzen. Lass uns ihm all unser Silber und all unser Gold geben."

Ohne Zögern und mit Überzeugung erwiderte ihr Mann: „Ja, wir wollen ihm das, was wir haben, aus einem Herzen voller Liebe geben."

Und in einem anderen Stamm, weit entfernt von den Leviten, sprach eine Gruppe glühender junger Männer in feierlichen und wohl gewählten Worten:

„Es ist beschlossen. Heute, hier und jetzt, legen wir vor unserem Herrn und voreinander ein feierliches Gelübde ab. Wir werden für immer der Stimme unseres Herrn gehorchen. Was er gebietet, werden wir tun. Immer. Egal, was er von uns verlangt, sei es eine Kleinigkeit oder sogar unser Leben, wir werden der Stimme unseres Herrn gehorchen. Sollte er leise zu unserem Herzen sprechen oder hörbar zu unseren Ohren, oder sei es Mose, zu dem er spricht, sein Wunsch soll uns auf der Stelle Befehl sein, solange Lebensatem in uns ist."

„Das ist nicht genug", unterbrach ihn ein anderer. „Gebet! Wir wollen uns dem Gebet verschreiben. Wir wollen Männer des Gebets sein, auf Knien sein Antlitz suchen und ihm erlauben, unsere Herzen zu erforschen. Ja, und um Kraft bitten, damit wir in Stunden der Not und Krise seinen Willen tun."

Noch während sie über diese Dinge sprachen, stürmte einer der Stammesältesten an ihnen vorbei, auf der Suche nach den anderen Anführern des Stammes. Als er sie gefunden hatte, sprach er zu ihnen in leidenschaftlichen Worten:

„Dies wollen wir tun. Morgen soll sich unser Stamm versammeln. Wir wollen mit Zimbeln und Trompeten kommen. Seht her – was ich hier in meiner Hand halte – einer unserer Jungen hat bereits ein Lied für unseren Herrn geschrieben. Es ist ein Psalm, der uns ermutigt, Gottes Wege zu preisen. Wir wollen dieses Lied und andere Psalmen des Lobpreises nehmen und sie unserem Herrn darbringen. Wir wollen auf unser Angesicht fallen und ihn gemeinschaftlich anbeten."

Eifrig stimmten ihm die Ältesten zu: „Ganz gewiss gibt es keinen besseren Weg, unserem Gott unsere Liebe zu zeigen, als dadurch, dass wir unsere Anbetung vor ihn bringen."

Bei Einbruch der Nacht war der große Felsen, auf dem Mose gesprochen hatte, leer – nur eine einsame Gestalt war zu sehen. Unbemerkt von allen hatte er dort zugehört – zugehört, wie Mose seine Botschaft an das Volk weitergab. Anschließend war er inmitten seines Volkes umhergegangen und hatte aufmerksam jedem ihrer Worte gelauscht.

Eine tiefe Traurigkeit überschattete nun das Antlitz Gottes, denn er dachte über die Antwort nach, die er von seinem Volk gehört hatte.

Ein langer, tiefer Seufzer der Sorge und des Bedauerns, den menschliche Ohren nicht hörten noch hören konnten, der aber den Frieden der gesamten himmlischen Heerscharen erschütterte, stieg aus seinem Innersten empor.

Ich erbat nie von dir
Reichtum oder feines Gold.
Hat mich danach je verlangt?
Noch hab ich dich gebeten,
dass du mir dienst.
Brauche ich, der Allmächtige,
denn etwa Diener und Lakaien?
Auch Lobpreis, Gebete,
nicht einmal Gehorsam
suchte ich bei dir.

Er hielt inne. Noch einmal erhob sich ein langer, trauriger Seufzer aus seiner Brust.

Ich habe dich doch nur um eins gebeten,
dass du mich liebst ... liebst ... liebst.

Kapitel 18

In den Augen der Menschen war sie ein Volk, aber mit den Augen Gottes gesehen, war sie eine Frau. Ein Volk, gewiss, aber wie er es sah, bildeten sie gemeinsam eine Frau, die seine Braut ankündigte. Schließlich wusste er, was kein Engel oder Mensch wusste – oder sich jemals hätte träumen lassen: Aus ihr würde eines Tages seine Braut hervorgehen. Darum liebte er diese hier, besuchte sie, beriet sie.

Es gab andere, die um ihre Liebe eiferten und danach trachteten, sie zu umarmen. Und es gab solche, die sie zerstören wollten. Gott der Herr beobachtete beide sorgfältig: die Verehrer *und* die Feinde.

Er erkannte seine Rivalen, gab Acht auf ihre Feinde, nahm jede *ihrer* Schwächen wahr und merkte sich jeden, der sie vom Weg ablenkte und jede einzelne Ablenkung.

Er entsann sich einer Schlange, die einst Eva betrogen hatte, worauf er sich schwor: *„Diese* muss gehen!" Und in Erinnerung daran, dass etwas so Einfaches wie Brot sie in der Wüste zu Fall gebracht hatte, bekräftigte er in seinem Inneren: „Wenn die Tochter dieser Frau kommt, dann soll diese Tochter nicht vom Brot allein leben."

Er sah, wie sie durch die Welt und ihren glitzernden Schmuck von ihm abgewendet wurde, und schwor bei sich selbst: „Dieses Glitzern und seinen Urheber werde ich vernichten."

Aber vor allem anderen bemerkte er ihre völlige Schwäche und Hilflosigkeit angesichts von Versuchung und Sünde. Einmal mehr sah er sich veranlasst zu betonen: „Ihre Tochter – meine Braut – soll leben, durch eine *andere,* eine höhere Form des Leben."

Kapitel 19

Aus Ägypten war dieses Mädchen gekommen. Sie durchquerte eine versengende Wüste und fand im Land der Verheißung Ruhe und Wohlstand. Aber in diesem Wohlstand entfernte sie sich weiter und weiter von ihrem Herrn.

Immer und immer wieder rief er ihr zu:

Kehre zu mir zurück.
Kehre zu mir zurück!

Aber zurückkehren wollte sie nicht. Stattdessen ging sie dazu über, mit den Völkern der Welt Unzucht zu treiben. Von ihr selbst unbemerkt, aber von ihren Feinden sehr wohl wahrgenommen, hatte ihre eigensinnige Wanderschaft weg von Gott dazu geführt, dass sie die große Stärke, die er ihr verliehen hatte, verlor.

Zuletzt war ein Gott mit zerbrochenem Herzen dazu gezwungen, ihr zuzurufen:

Weißt du nicht, dass ich dich liebe?
Und obwohl ich dich liebe, muss ich dich bestrafen.
Und wenn du dich von mir entfernst,
dann gibt es keinen größeren Beweis meiner Liebe
als diesen:

Ich werde dich züchtigen
und auf diese Weise zu mir zurückbringen.

So fiel sie; Schwäche folgte auf Schwäche. Ein Volk, einst voller Größe und Kraft, wurde zum Untertan sogar den Schwächsten aller Völker.

Und noch immer wollte sie nicht zu ihm zurückkehren.

„Dann bleibt mir nur noch eine einzige Möglichkeit", seufzte der Herr.

Kapitel 20

Er begann, Propheten – Männer aus dem Süden – zu rufen, damit sie das Land durchzögen, um sein Volk vor dem kommenden Gericht zu warnen. Die Propheten traten auf und riefen immer und immer wieder:

Kehrt um!
Kehrt um!
Wendet euch wieder eurem Herrn zu,
der euch liebt.

Einige dieser Propheten reisten in den Norden und mahnten mit Nachdruck gegen die Boshaftigkeit und Gottlosigkeit des dortigen Volkes.

Auf diese Propheten hörte das Volk des Südens nur sehr wenig; der Norden hörte überhaupt nicht.

Aus dem Norden gab es keine Propheten. Allerdings war da ein junger Mann, der aus dem Norden stammte und sich in ein wunderschönes Mädchen aus seinem Dorf verliebte. Er überschüttete sie mit all seiner Zuneigung, und schon bald heirateten sie. Aber ebenso bald verließ sie ihn – um ihren Körper für die Freuden der Sünde zu verkaufen. Sie nahm Wohnung in der Welt; und in deren Verruchtheit und ihrer eigenen Schlechtigkeit vergaß sie den jungen Mann, der sie so sehr geliebt hatte.

Zu den Ohren dieses jungen Mannes kam eines furchtbaren Tages die Stimme des Herrn.

Geh, Hosea, geh zu deinem Volk.
Schrei es vor ihnen heraus.
Schrei es heraus mit der Zunge,
schrei es heraus mit der Feder.
Prangere ihre bösen Taten an.
Ruf sie zu mir.

Aber bevor du gehst,
durchsuche dieses Land.
Finde diese Frau,
diese Hure;
bring sie zu dir
nach Hause.
Mach sie, noch einmal,
zu deiner Braut.

Hosea hielt sich die Ohren zu, als er diese Worte hörte. Bei dem Gedanken, jemand so Unreines erneut anzurühren, begann er zu weinen. Dennoch gehorchte er. Auf seiner Suche nach ihr zog er von Dorf zu Dorf. Er suchte an dunklen und schmutzigen Orten nach ihr, bis er sie schließlich fand – in betäubender Sünde und ekelhafter Gleichgültigkeit.

Er nahm sie in seine Arme, brachte sie nach Hause und verlobte sich erneut mit ihr.

„Was hast du getan, Hosea?“, fragte die Stimme des Herrn.

„Obwohl sie eine Hure war, habe ich sie zurückgenommen“, antwortete Hosea.

„Ebenso ... werde auch ich ... Gott der Herr, die Hure Israel wieder zu mir nehmen. Ich werde sie in ihrer Sünde suchen und finden; ich werde ihr vergeben und sie wieder in mein Haus bringen.“

Und gemeinsam setzten sie sich nieder, und gemeinsam weinten sie.

Kapitel 21

Als das Maß voll war und die Zeit gekommen, ließ es der Herr geschehen, dass der Norden für immer von den Blättern der Geschichte gefegt wurde. Und als die Gnade zu ihrem Ende gelangt war, zog der Herr seine Hand zurück und ließ zu, dass der Süden erobert und das ganze Volk in Ketten hinweggeführt wurde, durch heiße, trockene und endlose Wüsten, in ein fernes Land.

Tage wurden zu Wochen, als sie den brennenden Sand durchquerten. Bei jedem Schritt zogen sie ihre Ketten hinter sich her und gedachten ihrer Vorfahren in Ägypten. Schließlich kamen sie in eine Stadt, die einst Gott die Ehre gegeben hatte, nun aber käfergestaltige Götzen anbetete. Ein Volk, das Gott einst aus der Sklaverei herausgeführt hatte, wurde nun von demselben Herrn wieder in die Sklaverei hineingeführt.

Kapitel 22

Seht dort, jenen Mann, der sich mühsam eine heiße, staubige Straße im Süden Babylons entlang schleppt. Seit zweiundzwanzig Jahren geht er seinen ermüdenden Weg von Dorf zu Dorf, von Stadt zu Stadt, tröstet Gottes Volk, versichert ihm, dass letztendlich Befreiung geschehen wird, und weist es wegen seiner Sünde zurecht. Seine Schultern hängen herab, sein Körper ist gebeugt, denn er trägt in seiner Seele die Last seiner Heimat, der Stadt Gottes, die in weiter Ferne liegt ... still und verlassen, ein Haufen Schutt und Asche. Auch in diesem Moment ist sein Herz erfüllt von traurigen Erinnerungen an ihre Zerstörung, damals, als er noch ein junger Bursche war ... und an ein Volk, das sich nicht wieder seinem Herrn zuwenden wollte.

Während der alte Mann gegen die heißen Winde und den wehenden Sand der chaldäischen Wüste ankämpft, unterbricht ein schwacher, hoher Schrei seine einsamen Gedanken. Der alte Prophet wirbelt herum, um den Ursprung dieses leisen und kläglichen Schreis ausfindig zu machen. Er läuft an den Straßenrand, zieht ungestüm die vertrockneten Büsche auseinander und entdeckt – im Graben liegend – ein neugeborenes Baby. Sein Körper ist in die Nachgeburt gehüllt, seine Nabelschnur nicht durchtrennt. Das Kind steht kurz davor, seinen letzten, schwachen Atemzug zu tun.

Der alte Prophet reißt die Nachgeburt auf und bläst in die Lungen des Kindes. Er presst das schmutzige Kind an seine Brust und läuft so schnell er kann zum nächstgelegenen Haus. Am späten Abend dann verabschiedet sich der müde alte Mann von einer kinderlosen Familie aus seinem Volk, die das Kind zu sich genommen hat. Als er wieder auf die staubige Straße hinaustritt, bleiben seine Gedanken noch lange bei dem tragischen Zustand des Kindes, dessen Leben er gerettet hat. Tief in seinem Herzen beginnt sich etwas zu rühren, als er hinter sich eine Stimme hört.

Hesekiel!

Der alte Prophet bleibt stehen. Er wagt es nicht, sich zu bewegen, nicht einmal zu atmen, denn er kennt diese Stimme nur zu gut. Und ihr Kommen verspricht nicht immer Gutes für ihn.

Hesekiel!

„Ja, mein Herr“, antwortete er gen Himmel.

„Das Kind ... jenes, das du im Dreck gefunden hast.“

„Ja, Herr.“

„Hesekiel, genau wie du bin ich einst eine trostlose Straße entlanggegangen. Und auch ich hörte den Schrei eines kleinen Babys. Auch dieses Kind war in die Nachgeburt seiner Mutter gehüllt, und auch dieses Kind war im Begriff zu sterben. Die Mutter dieses sterbenden Kindes war eine Hethiterin, unrein. Sein Vater ein Amoriter, unrein! Das Kind war ein hässlicher, ungeliebter, unliebenswerter, schmutziger Ausgestoßener, geboren in Unreinheit.

Ich nahm das Kind an meine Brust. Ich brachte es zu mir nach Hause; dort wusch ich das Kind, rieb es mit Salz ab, nährte es und sorgte für es.

Das Kind war ein Mädchen. Ich gab ihr einen Namen, *Jeru.* Und weil *ich* sie aufzog, wurde sie stark und schön. Sie gehörte zu den schönsten aller Frauen. In den Tagen Salomos war sie sogar zur schönsten Frau auf dem gesamten Erdball geworden.“

Es folgte eine lange, schreckliche Pause. Hesekiel erschauderte.

„An dem Tag, an dem ich sie zu meiner Braut genommen hätte – an *diesem* Tag hörte sie den Ruf Ägyptens und Babylons. Für diese gab sie ihre Jungfräulichkeit und Reinheit auf. Sie wandte sich von mir ab, ging den Weg der Welt, gab sich der käuflichen Liebe hin. Sie wurde zu einer Hure Ägyptens und zu einer Sklavin Babylons.

Ihr Gold haben sie ihr weggenommen; ihr Silber auch. An die Stelle von Freiheit trat Knechtschaft, an die Stelle der Schönheit Falten. Ihre Lieblichkeit hat ihr nur Ruin eingebracht. Jedoch auch jetzt – obwohl versklavt – will Jeru nicht zu mir zurückkehren.

Hesekiel, weißt du, wovon ich spreche?"

Hesekiel wandte sein verbrauchtes, altes Gesicht dem Himmel zu, kniff seine Augen zusammen und antwortete in knappen, wohlüberlegten Worten.

„O mein Gott, ich weiß. Ich weiß!"

„Für *mich,* Hesekiel, geh zu dieser Frau. Prophezeie ihr. Sag ihr, dass sie zu mir zurückkehren soll. Ich werde ihr Salbe für ihre Wunden geben, saubere Gewänder für ihre Lumpen. Ich werde die Schönheit ihrer Jugend wiederherstellen, wenn sie sich mir doch nur wieder zuwenden will."

Wieder entstand eine Pause. Hesekiel wandte seinen Kopf erneut zur Seite. Sein Herz schmerzte in seiner Brust, als er noch einmal auf die Stimme des Herrn wartete. Als sie kam, kam sie so ergreifend, dass sich Hesekiel mit den Händen die Ohren zuhielt, um auf diese Weise den Klang der Pein Gottes von sich fernzuhalten.

Kehre zu mir zurück, Jeru.
Kehre zu deinem Schöpfer zurück!

Ich habe nichts von dir verlangt,
außer dem einen,
dass du mich liebst.

Mit deinem Verstand,
deinem Herzen,
deiner Seele,
liebe mich!

Jeru, Jeru,
kehre zu mir zurück.
Wende dich ab von deiner Hurerei.
Wende dich zurück,
O Stadt,
wende dich zurück.
Wende dich zurück, O Braut Gottes.

Kehre zu mir zurück,
O Jerusalem!

Kapitel 23

Während die Jahre vergingen, änderte sich nur wenig an der Geschichte des eigensinnigen Volkes. Die schöne Frau kam vom rechten Weg ab ... kehrte zurück ... und lief erneut fort. Jedes Mal, wenn sie sich wieder von ihm abwandte, merkte sich der Herr genau die Dinge, die sie von ihm weglockten.

Geduldig sah er zu, wie die Jahrhunderte kamen und gingen. Er wartete auf den Zeitpunkt, an dem er die Tür, die Zeit und Ewigkeit voneinander schied, durchschreiten würde, um dort, auf der Bühne des menschlichen Schauspiels, die Rolle der zentralen Figur der Geschichte auszuspielen.

Und als er jede Schwäche und jeden Feind vermerkt hatte, flüsterte er: „Die Zeit ist gekommen. Ich bin fertig mit Bildern, Vorahnungen und Symbolen! Jetzt soll die Realität kommen. Jetzt werde *ich* mein Gegenstück haben."

Er trat von seinem Thron herunter und flüsterte zu sich selbst: „Es gibt ein Dorf in Galiläa." Er erhob seine Hand und rief einen der Erzengel.

Gabriel!

Kapitel 24

An jenen geheimnisvollen Ort, der das Tor zwischen der materiellen und der geistigen Welt bildet, kam er. Schon viele Male zuvor hatte er sich zu dieser Tür begeben, war hinausgetreten aus dem geistigen Reich und hineingetaucht in die physische Welt, um dieser einen kurzen Besuch abzustatten, um etwas bekannt zu geben, den schier unkontrollierbaren Lauf der Geschichte zu ändern oder von Angesicht zu Angesicht mit einem seiner Propheten zu sprechen.

Heute jedoch, so stellten die Engel fest, war irgendetwas anders. Zorn brannte auf seinem Gesicht, als er vor der geöffneten Tür stand; seine Augen glühten. In all der langen Zeit, in der sie ihn kannten, hatten sie ihn niemals so aufgebracht gesehen. Plötzlich stießen die Engel einen Schrei des Entsetzens aus.

Gott der Herr *war verschwunden.*

Nur einen kurzen Augenblick dauerte es, bis sie *wussten,* was er getan hatte. Doch das vergrößerte ihr Erstaunen nur noch.

Oft hatten sie sich gefragt, warum nur einer übrig geblieben war, der keinen Gefährten hatte. Doch es war sicher, dass er keine Braut aus den Engeln oder den gefallenen Menschen nehmen würde. Auch konnte er – gegen sein eigenes Wort – nicht noch einmal erschaffen.

Er war ein Gott, der voller Geheimnisse war, und irgendwie *wussten* sie, dass sein Verschwinden irgendetwas mit einem Gegenüber zu tun haben musste.

In diesem Moment der Bestürzung erhob Gabriel seine Hand und verkündete:

Die Weltgeschichte steht kurz davor,
ihre größte Stunde zu erleben.
Gott der Herr schickt sich an, sich
im Leib
einer Frau
zu verkörpern
und in der Gestalt
menschlichen Fleisches
geboren zu werden.

Einen Moment lang herrschte vollkommene Stille. Gabriels Worte und ihre Bedeutung zu begreifen, sprengte die Verstandesgrenzen eines Engels.

Was war es, dort im Innersten ihres Gottes, das ihn so zum Äußersten trieb? Gott ... in der Gestalt des gefallenen menschlichen Fleisches? Ein menschliches Wesen in der Gestalt einer Küchenschabe wäre da einleuchtender.

Warum? stand als unausgesprochene Frage im Raum.

„Ein Gegenüber", kamen sie schließlich überein.

„Wie?" war die nächste, alles beherrschende Frage.

„Wir wissen es nicht", war endlich ihre Schlussfolgerung.

Seine Braut aus der gefallenen menschlichen Rasse? Wie bei Hosea? Ist das möglich? Der Heilige Gott? Vielleicht würde er irgendwie versuchen, sie wieder herzustellen; aber nichts, was derart tief gefallen ist, könnte jemals *so weit* wieder hergestellt werden.

Und doch war es ja so: Wenn er tatsächlich von einer Frau geboren werden würde, wäre er dennoch Gott ... sichtbar. Und wenn er zu einem Bewohner der Erde werden würde, dann würde er in einem Reich leben, in dem *alle* Arten ein Gegenstück haben.

Offensichtlich wusste er etwas, das sie nicht wussten, eine Dimension der Wahrheit, die vor ihrem Verstand verborgen war.

Das Ausmaß ihrer Unwissenheit wurde noch deutlicher, als sie entdeckten, dass er als Ort seiner irdischen Geburt nicht ein Schloss oder etwas Ähnliches, sondern einen Stall gewählt hatte.

TEIL 3

Kapitel 25

Der kleine Junge steckte seinen Kopf durch die einen Spalt geöffnete Tür und blickte mit großen Augen auf den schwitzenden jungen Mann, der damit beschäftigt war, ein zerbrochenes Möbelstück zu reparieren.

„Hast du den Wüstenpropheten gehört?“, erkundigte sich der kleine Junge.

„Nein“, war die freundliche Antwort des jungen Zimmermannes. „Ich bin hier in letzter Zeit ziemlich beschäftigt. Ich arbeite jetzt allein, wie du weißt.“

„Ja, und wir alle vermissen Joseph sehr“, erwiderte der kleine Junge mit leiser, trauriger Stimme. „Aber ich werde mir nun jedenfalls den Wüstenpropheten anhören. Und du?“

„Ja“, entgegnete der Zimmermann und legte die beendete Arbeit zur Seite.

„Es wird Zeit, dass ich den Propheten besuche, der da draußen solch eine Aufregung verursacht.“

„Vielleicht treffe ich dich dort“, antwortete der kleine Junge. Er schloß die Tür hinter sich, um sie im nächsten Augenblick wieder zu öffnen. Noch einmal erschien der Kopf des Jungen in der Tür.

„Ist er nicht dein Bruder oder so was?“

„Er ist mein Cousin“, war die Antwort.

„Ohhh, da musst du aber sehr stolz sein!“, antwortete er ehrfürchtig.

„Ja, sehr“, entgegnete der Zimmermann. „Sehr, sehr stolz.“

Die Tür schloss sich. Der junge Zimmermann blickte langsam in dem Raum umher, dann legte er – zögernd – seinen Hammer, seinen Beitel, sein Zimmermannswerkzeug zur Seite. Er legte beide Hände auf den Arbeitstisch, beugte sich vor und senkte den Kopf.

„Ich war schon immer von dem Feuer der Liebe eines Gottes, der niemals alt wird, erfüllt, und nun hat sie sich verbunden mit Leidenschaft der Liebe eines jungen Mannes. Diese Liebe, teure Erde, treibt mich zu deiner Rettung.“

Einen kurzen Moment lang schloss der Zimmermann seine Augen; dann sog er eine unbekannte Kraft aus einem fernen Reich in sich auf, richtete sich zu seiner vollen Größe auf und trat hinaus auf die staubige Straße. Mit einer Geste der Endgültigkeit schloss er die Tür seines Ladens, drehte sich um und sprach laut:

„Nun, Bruder Johannes, es ist Zeit, dass wir uns treffen. Ich glaube, es gibt jemanden, mit dem du mich gerne bekannt machen möchtest.“

Kapitel 26

Der Wüstenboden war glühend heiß, die Sonne blendete in ihrer Helligkeit. Dennoch waren da Menschen, so weit das Auge sehen konnte. Einige standen dort mit geschlossenen Augen. Ein paar knieten. Viele weinten.

Wieder andere verharrten vollkommen bewegungslos und schauten wie gebannt. Jeder von ihnen schien die sengende Hitze vergessen zu haben, ihre Aufmerksamkeit war einzig und allein auf den grimmigen jungen Propheten gerichtet, der mitten unter ihnen auf einem großen Felsen stand. Seine Stimme klang wie eine silberne Fanfare, und wenn er sprach, dann drehte er sich, so dass das Feuer seines Blickes jedes Auge erreichte.

Einen kurzen Moment lang hielt seine Stimme inne. Er dachte, er hätte am Rand der Menge etwas gesehen. Dann fuhr er fort, sicher, dass er sich nur eingebildet hatte, worauf er schon so lange gehofft hatte. Aber da war es wieder – ein Licht, zu weit hinten in der Menge, als dass seine Quelle auszumachen war, aber ein Licht, das gewiss übernatürlichen Ursprungs war. Der Wüstenprophet verstummte. Er wusste, dass er sah, was kein anderes Auge sehen konnte. Er sah das, wonach er, seinem Auftrag entsprechend, Ausschau halten sollte.

Das Licht bewegte sich. Es kam geradewegs auf den felsigen

Hügel zu. Irgendetwas – oder irgendjemand – war da draußen, und auf diesem ruhte die Herrlichkeit Gottes.

Die Menschenmenge wurde unruhig und begann, sich in die Richtung zu drehen, in die Johannes starrte. Nur für einen Augenblick gelangte der Mann – wer auch immer er war – auf eine kleine offene Fläche. Spontan schrie Johannes:

Seht da!

Nun drehten sich alle um. Wieder kam der junge Mann in Sicht, und Erschrecken fiel auf das Gesicht des Täufers.

Was ist dies,
das Gott getan hat!
Mein Freund aus Kindertagen,
mein naher Verwandter,
es ist Marias Sohn!

Und dann rief Johannes es entschlossen mit donnernder Stimme hinaus:

Seht da,
das LAMM Gottes!

Die beiden Männer erreichten einander und umarmten sich, aber noch während sie dies taten, zog der junge Zimmermann ihn weiter in Richtung des Flusses.

„Komm, Bruder Johannes, heute haben wir hier etwas zu erfüllen."

„Und was sollte das sein?", fragte Johannes.

„Alle Gerechtigkeit", antwortete der Zimmermann und trat in das Wasser hinein.

Kapitel 27

„Wer war der Mann?“, fragte eine Stimme weit draußen in der Menge.

„Johannes, deine Worte klangen so seltsam. Bist du denn nicht der Messias?“, erkundigte sich ein anderer.

Direkt vor ihm standen zwei seiner eifrigsten Jünger, deren Augen noch immer versuchten, den jungen Mann im Blick zu behalten, der so schnell in der Menge verschwunden war.

„Johannes, bitte erkläre uns, was gerade geschehn ist“, bat einer von ihnen mit leiser Stimme.

„Nein! Ich bin *nicht* der Messias!“, erwiderte der Täufer. „Aber wer bin ich dann? Ich bin der Freund des Bräutigams! Ich bin gekommen, um den Bräutigam –“ Er hielt mitten im Satz inne und führte seinen rechten Arm von einem Ende der Menschenmenge zum anderen ... *„seiner Braut* vorzustellen!“

Als sie *das* hörten, wandten sich die beiden Jünger – die bis dahin fest davon überzeugt waren, sie würden bis zu ihrem letzten Atemzug Jünger des Johannes sein – spontan um und tauchten in die Menschenmenge ein, um dem jungen Nazarener zu folgen. Sie wussten noch nicht, dass dies das erste Mal seit dem Garten Eden war, dass der Mensch Gott aufsuchte – um mit ihm zu sprechen, ohne Furcht, von Angesicht zu Angesicht.

Kapitel 28

Der Geist in ihm trieb ihn hinaus in die Wüste, vorbei an allen Dörfern, allen Nomaden, allem Wasser, hinaus an einen Ort, an dem die versengende Sonne und der brennende Sand seine Kraft verzehrten.

„Hier wurde sie versucht“, flüsterte er zu sich selbst, als er seine Augen über die endlosen Sanddünen gleiten ließ.

„Sie lebte mit mir, *hier.* Ich habe für jedes ihrer Bedürfnisse gesorgt, dennoch hätte sie mich nur für Brot schon verlassen. Sie hat mich versucht ... einige Male hat sie mich herausgefordert, mich geradezu provoziert. Sie zog es vor, ein goldenes Kalb zu verehren, statt sich der viel größeren Aufgabe zu stellen, einen Gott anzubeten, den sie nicht sehen kann.“

Er hätte sich gern an einen Ort begeben, wo er einen besseren Überblick über die Umgegend gehabt hätte, aber vierzig Tage ohne Nahrungsmittel hatten von seinem Körper einen hohen Tribut gefordert. Der junge Zimmermann brach zusammen und fiel in den brennenden Sand.

Ein paar Minuten später erwachte er schlagartig wieder und stand mühsam auf.

„Es ist jemand hier. Ganz in der Nähe! Wie hat irgendjemand nur diesen abgelegenen Ort gefunden?“

In der Ferne sah er ein faszinierend schönes, schimmerndes Licht – ein Licht, das sich ganz eindeutig *auf ihn zu* bewegte und sanft über Felsen und Sand glitt ... ähnlich einer Schlange, die über die Erde gleitet.

„Das ist er!“, schrie der Zimmermann, während er sein Gleichgewicht zu halten versuchte und dann, ohne zu zögern, auf die leuchtende Gestalt zulief. Die Entfernung, die beide voneinander trennte, verringerte sich rasch, während sie sich einander näherten. Plötzlich blieben beide stehen. Wie zwei Gladiatoren umkreisten sie einander, wobei jeder den anderen erstaunt musterte.

Also dieser hier ist es, der zu meinem Vorfahren, Adam, kam! dachte der Zimmermann, während er jeden Gesichtszug der faszinierend schönen Kreatur vor ihm erforschte.

„Nun, das ist also Gott ... in menschlicher Gestalt!“, rief der andere aus und war dabei kaum in der Lage, seine bittere Freude zu verbergen! „Gott, sichtbar! Gott, greifbar! Gott, hier, messbar, wahrnehmbar in Raum und Zeit! Gott, auf *meinem* Planeten! Gott, verkörpert innerhalb dieses völlig unzureichenden Schutzes aus Blut, Knochen und Haut! Gott, angreifbar und verletzbar!“

„Gott – *den man töten kann!*“ Diese letzten Worte schrie er beinahe hinaus.

Niemals hatte der Gegenspieler Gottes auf eine so düstere und wundersame Gelegenheit zu hoffen gewagt!

Schließlich brach der gefallene Erzengel das Schweigen. Seine Stimme hatte etwas Betörendes und schien alle Lieblichkeit des Himmels widerzuspiegeln.

„Sooo“, säuselte er. „So, hier haben wir also den, der behauptet, der Sohn Gottes zu sein.“

„Ich bin Jesus von Nazareth. Zimmermann von Beruf. Geboren von einer Frau.“

„Bist du nicht der Sohn Gottes?“, fragte das schimmernde Wesen. Mit diesen Worten – dieser Herausforderung – beugte der Engel des Lichts sich zum Boden hinab und nahm einen großen, glatten Stein in seine Hand.

„Du bist hungrig! Geschwächt bis zum *Tod*“, fuhr er fort, wobei er das letzte Wort regelrecht ausspuckte. „Wenn du der Sohn Gottes bist, hier! Verwandele diesen Stein in Brot und *iß!*"

Der junge Zimmermann blickte lange auf den Stein.

So fühlt es sich also an, ein Mensch zu sein, der in direkter Konfrontation von dem Versucher versucht wird. So fühlte sich also Adam, meine Schöpfung, an jenem Tag im Garten. Ja, und hier bin ich nun und erlebe die gleiche Versuchung, die Israel erlebte, als es sich in eben dieser Wüste befand ... ja, an genau diesem Ort!

Während der junge Mann den Stein anstarrte, fühlte er deutlich den Schmerz in seinem Bauch, die wiederkehrenden Krämpfe in seinen Beinen. Als er dann seinen Kopf wieder hob und direkt in die Augen des abwartenden Engels blickte, taumelte er. Er *fühlte* die Versuchung jetzt und er wusste es. Tief aus seinem Inneren heraus begann er, sich die alten Zeiten ins Gedächtnis zurückzurufen. Er hörte *seine* eigenen Worte! Kraft strömte von seinem Geist in seinen Körper!

„Luzifer! Hast du vergessen? Ich selbst war es, der es für alle Zeiten aufgezeichnet hat! *‚Der Mensch* soll nicht vom Brot allein leben.'"

„Der Mensch soll *leben!* Er soll leben ..." Der Zimmermann führte seine Hand an seine Brust. „Der Mensch soll von *jedem* Wort leben, das aus dem Mund Gottes hervorgeht!"

Einen Moment lang zeichnete sich Wut auf dem Gesicht des Engels ab. Dann, mit einem sanften Lächeln, hob er seine Hand. Sofort veränderte sich der Schauplatz und die beiden standen auf der höchsten Zinne des Tempels. Nur mühsam vermochte der Zimmermann an dessen Rand sein Gleichgewicht zu halten.

„Wenn du der Sohn *Gottes* bist, dann spring ... von *hier!* Wie du weißt, steht geschrieben, dass Gott *seinen* Engeln befehlen wird, dich zu beschützen. *Sie* werden nicht zulassen, dass du dort unten auf die Steine schlägst", fuhr er in süßlichem Tonfall fort. „Die Engel werden dich auffangen."

Der Zimmermann warf einen Blick auf die Schwindel erregende Höhe. Sein geschwächter Körper drohte unter ihm zusammenzubrechen. Doch im gleichen Moment öffnete sich vor seinen

Augen der Blick in das unsichtbare Reich. Es stimmte – er konnte sie sehen – eine Legion von Engeln stand bereit, um auf das kleinste Wort hin vorwärts zu stürmen.

Wieder rasten seine Gedanken zurück zu Israel. Sie hatte so oft gewagt, seine Fürsorge in Frage zu stellen. Wieder drangen seine eigenen Worte aus seinem Inneren hervor. Seine Knie festigten sich. Unerschrocken, geradezu heiter, wandte er sich um.

„Luzifer, hast du vergessen? Ich habe es aufgezeichnet: ‚Du sollst den Herrn, *deinen* Gott, nicht versuchen.'"

Der Erzengel, der mit einer derart selbstsicheren Antwort nicht gerechnet hatte, war von den Worten des Zimmermanns wie benommen. Einen Moment lang wollten seine eigenen Knie, die sich in einem vergangenen Zeitalter so oft vor Gott gebeugt hatten, sich unwillkürlich neigen. Doch schnell riss er sich von diesem Anflug geistiger Gesundheit los und hob erneut seine Hand.

Noch einmal veränderte sich die Umgebung.

Sie befanden sich nun auf einem hohen Berg, von dem sie die ganze Welt überblicken konnten. Unter ihnen glänzten in prachtvoller Schönheit alle großen Königreiche der Vergangenheit; neben den Königreichen der Gegenwart. Jenseits davon, deutlich sichtbar, jedoch weit draußen in der Zukunft, befanden sich Königreiche, von denen die Welt bis dahin noch nichts wusste. Einige waren ruhmreich, andere über alle Maßen mächtig, wieder andere funkelten voller Pracht und Schönheit.

„Du bist gekommen und *ich* weiß warum", zischte der Engel. „Du bist gekommen, um über das Land zu herrschen! Um die Erde zu beherrschen. Dann lass es uns kurz machen. Du weißt, dass alle Königreiche der Erde – vergangene, gegenwärtige und zukünftige – mir gehören und nur mir. Jede irdische Herrschaft gehört *mir!*" Der Engel hielt inne, um Raum für eine Erwiderung zu geben.

Der Zimmermann entschloss sich, diese Behauptung, von der beide wussten, dass sie der Wahrheit entsprach, nicht anzuzweifeln. Der Engel rückte dicht an ihn heran, mit Worten so sanft und klar wie himmlischer Glockenklang.

„Ich werde dir diese Königreiche geben. Jedes Einzelne von

ihnen! Du darfst sie beherrschen – und damit diesen ganzen Planeten. Sie gehören mir nicht nur, ich kann sie auch *verschenken* ... wem immer ich will."

Wieder bestritt der Zimmermann die Worte des Engels nicht.

„Ich werde sie alle verschenken ... an dich. Du musst dazu nur eines tun, nur dieses eine: Falle hier nieder ... jetzt ... und bete *mich* an!"

Der junge Mann warf noch einmal einen Blick auf die Königreiche. Jede Faser seines Wesens schmerzte. Er war müder, als Worte es beschreiben können. Erschöpft, furchtbar erschöpft. Die Aufgabe, die vor ihm lag, kam ihm so ermüdend, so unglaublich schwer vor. Es gab einen Preis zu zahlen, und für einen Moment schien ihm dieser Preis viel zu hoch.

Aber noch einmal richtete sich der Mann auf. Etwas, das er vor langer Zeit zu Israel gesagt hatte, erklang in seinem Innersten.

Verschwinde, Satan!
Es steht geschrieben:
„Du sollst den Herrn, deinen Gott, anbeten!
Du wirst ihm dienen ... ihm allein!"

Der Engel erzitterte vor Erstaunen angesichts einer derart kraftvollen Erwiderung. Einen Moment lang verkrampfte sich sein Körper, sein Gesicht zog sich zusammen, das Licht seines Wesens verdunkelte sich. Langsam zwang er seine Kraft zu sich zurück und das Leuchten seines Lichtes verstärkte sich wieder.

„Ich werde gehen und dich allein lassen ... für eine Zeit lang."

Im gleichen Moment, in dem der gefallene Erzengel verschwand, erschien eine Schar ausgewählter Engel, während ihr Herr auf dem Felsen zusammenbrach.

Nachdem sich die Engel einige Augenblicke lang um ihn gekümmert hatten, öffnete der furchtbar geschwächte Mann seine Augen. Ein Lächeln huschte über sein aufgequollenes Gesicht; auf seinen gesprungenen Lippen formten sich Worte.

Habt ihr das gesehen?
Ich frage euch,
Habt ihr das gesehen?

Verlegen nickten die Engel ihre Zustimmung.

„Habt ihr das gesehen!“, schrie er wieder und kämpfte sich auf seine Füße. „Ich habe ihn geschlagen! Weder die Ereignisse im Garten Eden noch das Schicksal Israels haben sich heute wiederholt. Es war ein *Mensch*, der damals im Garten Satan unterlag. Doch dieses Mal wurde Satan geschlagen. Und es war ein *Mensch,* der ihn überwand! Er unterlag mir, doch nicht als Gott. Er unterlag mir ... als Mensch! So sicher, wie er einst den Menschen betrogen hat, ist er heute unterlegen ... gegen ... einen ... *Menschen!*“

Der Zimmermann torkelte auf einen Felsen zu, während die Engel, die ein derart beispielloses Verhalten nicht gewöhnt waren, zurückwichen. Der Mann aus Nazareth stützte sich gegen einen Felsen, hob sein Gesicht zum sternenklaren, mondhellen Himmel empor und schrie laut:

„Ich habe ihn geschlagen. Ich, Jesus von Nazareth, habe ihn geschlagen!“

Er stand nun aufrecht, warf seinen Kopf zum Himmel und schrie noch einmal:

Bald –
ja, jetzt bald –
sehr, sehr bald!

Kapitel 29

„Auf eine Hochzeit?"

„Ja, ich gehe auf eine Hochzeit in Kana", erwiderte seine Mutter. „Es sind Freunde von mir. Sie haben mich gebeten, dich auch einzuladen."

„Auf eine Hochzeit ..." Er wiederholte die Worte, langsam. „Ja, das ist eine Angelegenheit, über die man nachdenken muss; schließlich bin ich auf die Erde gekommen, um ..." Seine Worte endeten hier, aber seine Mutter verstand.

An jenem Abend begab sich Maria zur verabredeten Zeit ohne ihren Sohn zur Hochzeit. Dieser befand sich in einer intensiven Unterredung mit der kleinen Gruppe von Männern, die ihm folgten.

Später an diesem Abend machte auch er sich auf den Weg in das kleine Dorf, in das seine Mutter schon zuvor gegangen war. Dort durchwanderte er dann nachdenklich die engen Straßen, sah den Menschen dabei zu, wie sie von der Arbeit nach Hause gingen, lauschte den Gesprächen, die aus den Häusern kamen, und beobachtete die knarrenden Handwagen, die vom Marktplatz zurückkehrten. Alle, so kam es ihm vor, schienen müde zu sein, ihr Gesichtsausdruck so furchtbar leer. Die Freude schien diesen Ort verlassen zu haben. Alles war in *seinen* Augen so *alt.*

Seine Ohren fingen den Klang einer Festlichkeit auf. *Die Hochzeit. Dort wird Freude sein.* Sein Schritt beschleunigte sich.

Durch einen kleinen Eingang auf der Rückseite betrat der junge Zimmermann den Festsaal, sehr spät und weitgehend unbemerkt. Er setzte sich an einen abgelegenen Platz im hinteren Teil des überfüllten Raumes und begann, die Vorgänge des Abends mit ungewöhnlichem Interesse zu verfolgen.

Im Zentrum des Festes stand ein riesiger Banketttisch, der mit allerlei herrlichen Speisen beladen war. Da war der Bräutigam, so jung, und seine Braut, so wunderschön. Beide waren ganz offensichtlich sehr verliebt. Und, tatsächlich, der Raum war erfüllt von einer Atmosphäre der Freude.

Maria sprach mit dem jungen Paar. Gerade als sie im Begriff war, sich abzuwenden, bemerkte der Zimmermann, dass der Bräutigam von zwei sehr beunruhigt aussehenden Dienern zur Seite genommen wurde.

Also so ist das. Viele, sehr viele Menschen. Die wunderschöne Braut, der Bräutigam. Der Wein. Ja, so wird es sein, wenn ich ...

Seine Gedanken wurden durch ein Bild, das tief aus seinem Innersten aufstieg, überlagert. Noch einmal blickte er auf die Halle und die Hochzeitsgäste. Doch dann begannen die göttlichen Augen in ihm, über den überfüllten Raum hinweg zu sehen und ein umfassenderes Bild wahrzunehmen. Auch dort war eine Menschenmenge, doch war dies das gesamte Heer der gefallenen Menschheit. Traurige Gesichter, müde Stimmen, die von dem zeugten, was in ihren Herzen war. Alter hing in der Luft. Der junge Zimmermann seufzte tief und wurde traurig angesichts des trostlosen Anblicks, der sich seinem inneren Auge bot.

Er vernahm eine sanfte und vertraute Stimme, wodurch er in seine irdische Umgebung zurückgerufen wurde. Für einen Moment sah er beide Szenen gleichzeitig, auf der einen Seite eine ganze Welt, auf der anderen eine Hochzeit an einem ganz bestimmten Ort. So verschieden und doch so ähnlich.

„Sie haben keinen Wein mehr!“, sagte eine Stimme.

Es war seine Mutter.

„Ja, ich weiß“, sagte er, wobei seine Traurigkeit noch dadurch verstärkt wurde, dass ihre Feststellung auf beide Szenen, die er sah, so zutreffend war.

Maria war an diese Episoden, bei denen sich sein Geist und sein Verstand zwischen zwei Welten bewegten, gewöhnt. Sie hielt einen Moment inne und wiederholte dann sanft: „Sie haben keinen Wein mehr.“

Er wandte sich um und sah sie an, doch verweilte die Vision einer traurigen Welt vor seinem inneren Auge ... einer Welt, die so verzweifelt erlösende Freude brauchte.

„Frau, weißt du, worum du mich bittest? Meine Zeit ist noch nicht gekommen!“

„Ich weiß“, flüsterte sie wieder beruhigend. „Doch es ist *diese* Hochzeit, die gerade jetzt keinen Wein mehr hat!“ Und mit diesen Worten wandte sie sich ab, wodurch sie das sanfte Lächeln nicht mehr sah, das sich auf sein Gesicht legte. Maria durchquerte den Raum und ging auf den Bräutigam und seine zwei beunruhigten Diener zu. „Ich glaube, euch ist der Wein ausgegangen, nicht wahr?“

„Ja, so ist es. Und es gibt im ganzen Dorf keinen mehr. Wir haben überall gesucht. Man könnte meinen, auf der ganzen Welt sei der Wein ausgegangen.“

„Dann mache ich euch einen Vorschlag“, antwortete sie. „Seht ihr den jungen Mann dort hinten, den, da ganz hinten in der Ecke?“

Das Gesicht eines der beiden Diener wurde blass. „Oh Mann ... ich wusste nicht, dass *er* hier ist. Es ist der Zimmermann, der zum Propheten geworden ist. Oh Mann!“

„Geht zu ihm. Und was immer er euch sagt, das tut!“

Die beiden Diener warfen sich verwirrte Blicke zu. Dann zuckte einer von ihnen mit den Schultern und die beiden Männer begannen, sich zögerlich durch die Halle zu bewegen.

„Äh, mein Herr. Uns ... uns ist der Wein ausgegangen.“

„Ja, ich weiß. Euch ist der Wein schon vor langer, langer Zeit ausgegangen.“

Wieder tauschten die beiden Männer Blicke des Erstaunens aus.

„Mein Herr, was sollen wir tun? Es muss doch Wein zum Abschluss geben; das ist so Brauch."

„Ein wirklich guter Brauch", sagte der Zimmermann. „Was ihr benötigt, ist neuer Wein. Der *beste* Wein, aufgespart bis zum *Schluss!* Seht ihr die sechs großen Krüge dort drüben?"

„Ja, aber mein Herr, wir können diese Krüge nicht benutzen. Sie sind für die rituelle Reinigung; sie sind für die Toten."

„Geht. Füllt diese Krüge mit Wasser. Danach bringt etwas von ihrem Inhalt zu dem Verantwortlichen dieser Hochzeitsgesellschaft. Er wird euch sagen, was zu tun ist."

Die Diener starrten ihn an. „Mein Herr ... ?"

„Geht."

„Ja, mein Herr."

Als sich die Diener abwandten, murrte einer von ihnen laut, „Krüge des Todes. Was meint er denn, was da rauskommen soll?"

Der junge Zimmermann beobachtete die Hochzeit noch eine ganze Weile. Sein Verstand und sein Herz waren eingenommen von Gedanken – Gedanken, vielleicht ähnlich denen, die jeder junge Mann hat, der bei einer solchen Gelegenheit über seine eigenen zukünftigen Hochzeitspläne nachdenkt.

Zuvor war die Festlichkeit ganz offensichtlich dabei abzuklingen, doch nun erfüllte neue Energie, neue Freude den Raum. Irgendetwas hatte in jedem Anwesenden die Festfreude neu entfacht. Und warum auch nicht? Schließlich hatten sie nun ungefähr 600 Liter *köstlichen* neuen Weines!

Der Zimmermann aus Nazareth schlüpfte unbemerkt aus dem überfüllten Raum und trat noch einmal in Kanas Nacht hinaus. Einen Moment hielt er noch inne, weil seine Aufmerksamkeit auf eine Unterhaltung an der Tür der Banketthalle gelenkt wurde. Es war der Verwalter der Hochzeit, der sich von einigen Gästen verabschiedete.

„Niemals, in all den Jahren", sagte er. „Niemals! Sonst gibt der Bräutigam zum Schluss immer den schlechtesten Wein aus. Oft, das kann ich dir versichern, wäre es da besser gewesen, gar keinen Wein mehr anzubieten. Aber heute Nacht – ah, heute Nacht! Ganz zum Schluss – zum *Schluss,* stellt euch das bloß mal vor – hat der Bräutigam den besten Wein ausgegeben, den ich jemals hier oder irgendwo anders probiert habe. Wein“, lachte er, „wie er seit Anbeginn der Schöpfung nicht serviert worden ist.“

„Was für eine Idee. Der beste Wein, ganz zum Schluss. Was für eine *herrliche* Idee!“

Kapitel 30

„Was er zu mir gesagt hat, als ich ihn zum ersten Mal traf?“, antwortete der Levit seinem Freund Juda, während sich die beiden Männer langsam mit der Menschenmenge fortbewegten.

„Ich saß an einem Tisch und kassierte Steuern. Nein, das ist nicht ganz richtig. Tatsächlich ging das Geschäft schleppend, wie das bei Steuereintreibern oft der Fall ist, und so nutzte ich meine Zeit, um eine Liste auswendig zu lernen!“

„Eine Liste?“, erwiderte Juda.

„Ja. Ich habe schon Dutzende von ihnen auswendig gelernt. Zum größten Teil Gesetze. Du weißt schon, tu dies, tu das nicht; dies ist eine Sünde, dies nicht. Dies ist richtig, das ist falsch! Du siehst, ich *hatte* ein Ziel. Oh, und was für ein Ziel! Jedes Gesetz unserer Religion zu kennen. Jede Regel zu kennen, die man kennen muss, und sie *alle* zu halten!“

Matthäus beendete seine Worte mit einem herzhaften Lachen.

„Jedenfalls saß ich da, als eine Menschenmenge vorbeikam ... gerade wie diese hier. Was für eine Aufregung, und ich fragte mich, was wohl der Grund sei. Dann sah ich es. Ah, *er* war es! Er kam geradewegs herüber zu dem Platz, an dem ich saß, schaute mich durchdringend an oder auch durch mich hindurch und sagte dann:

Matthäus, ich werde deine Gesetze erfüllen. Ich werde die Regeln zerstören. Nun komm, folge mir.

Matthäus lachte erneut. „Nun führe ich eine neue Liste."

„Tatsächlich?", sagte sein erstaunter Freund. „Und worüber?"

„Ich führe eine Liste über all jene Dinge, von denen er gesagt hat, dass er sie erfüllen, beseitigen, abschaffen, aufheben, stürzen, beenden, zerstören oder vernichten will! Sie wächst beinahe täglich."

Juda lächelte. „Wärest du bereit, mir auch zu sagen, was in *dieser* Liste steht? Ja, kann man so etwas überhaupt eine Liste nennen? Es klingt mehr wie der Appell beim Jüngsten Gericht."

„Hm, mal sehen", antwortete Matthäus begeistert. „Bis jetzt habe ich an Dingen, die für die Vernichtung vorgesehen sind, das Gesetz, Regeln, Satan und seine Heerscharen, Dämonen, Herrschaften, die Weltordnung. Und nicht zu vergessen: alle sichtbaren und unsichtbaren Reiche. Ja, wenn ich ihn richtig verstehe, sogar der ... nun, der ganze Kosmos. Und dann sind da noch der Sabbat, heilige Tage, Rituale, der Tempel, Vorschriften, die Sünde, die Schöpfung und ..."

Die beiden Männer hielten inne, weil die Menschenmenge um sie herum zu einem Halt gekommen war. Irgendetwas weiter vorn versperrte ihnen nun den Weg. Was auch immer es war, der Zimmermann hatte außerordentliches Interesse daran.

„Siehst du den Ausdruck auf seinem Gesicht, Matthäus ? Nun, ich habe ihn schon mal gesehen, bei seltenen Gelegenheiten. Alle denkwürdig, möchte ich sagen. Und wenn ich mich nicht sehr täusche, wirst du deiner Liste sehr bald etwas hinzufügen können."

Kapitel 31

Aus der Stadt Nain kam ein klagender Trauerzug, der sich auf dem Weg zum Friedhof befand. Kaum dass er ihn zu Gesicht bekommen hatte, war der Zimmermann auch schon abrupt stehen geblieben. Das Schlagen der Trommeln, der Rhythmus der klappernden Schlegel und das Geschrei der Klageweiber zogen ihn fast völlig in ihren Bann. Oder war es vielleicht gar nicht das, was seine Aufmerksamkeit so stark beanspruchte? War es womöglich etwas, das er sah und das kein sterbliches Auge sehen konnte?

Da war eine Frau in dem Trauerzug, eine Witwe. Ihr folgten vier Männer, auf deren Schultern eine Bahre lag, die die leblose Gestalt eines kleinen Jungen hin und her wiegte. Aber war da noch mehr?

Ja, da war noch etwas anderes, aber nur die, die das Ungesehene sehen, konnten es wahrnehmen. *Er* konnte es sehen, und was er sah, rief zuerst sein Interesse, dann seinen äußersten Zorn hervor.

Auf der Bahre stand, düster und furchteinflössend, der Engel des Todes und hielt den kleinen Jungen fest in seiner eisigen Gewalt.

Der Zimmermann hob seine Hand. Die Zeit stand still. Nun standen sich die beiden – der Zimmermann und der Todesengel

– allein im Reich des Geistes gegenüber. Der junge Nazarener, der fast außer sich war vor Zorn, bewegte sich schnell auf den dunklen Engel zu.

„Du!“, schrie Tod, entsetzt und verwundert.

Der Zimmermann schüttelte langsam den Kopf, angesichts des grotesken und abscheulichen Etwas, das da vor ihm stand. Er seufzte und dachte bei sich:

Kann es sein,
dass ich,
der das Lamm erschuf,
auch dich ins Leben rief?

„Wir haben uns schon einmal getroffen“, sagte der Zimmermann laut, mit einem Hauch von Herausforderung in seiner Stimme.

„Ja“, ertönte die glucksende Stimme Todes. „Du hast mich daran gehindert, meine Aufgabe zu erfüllen und mir in jener Nacht meine rechtmäßige Beute vorenthalten. Ah, aber hier und heute, da kommst du zu spät, Sohn Gottes! Sieh! Dieser *gehört* bereits mir. Er befindet sich schon in meinem Herrschaftsbereich ... und *niemand* kann dort eindringen. Nichts“, brüllte der finstere Engel, „keine Macht, keine Hoffnung, kein Traum, kein Gebet kann ihn jetzt mehr erreichen! Es ist nicht so wie beim letzten Mal, als wir uns am ersten Abend des Passah in Ägypten trafen ... *Dieses* Mal bist du zu spät gekommen!“

Augen, in denen unbändiger Zorn brannte, hielten dem kalten Blick Todes stand. So groß war dieser Zorn, dass selbst Tod angesichts dessen erschauderte.

„Du weißt nicht alles, unsterblicher Tod“, entgegnete der junge Zimmermann mit zusammengepressten Zähnen.

Noch einmal erhob der junge Mann seine Hand. Und war zurück in der Zeit. Schnellen Schrittes ging der Zimmermann in die Straßenmitte; der Begräbniszug kam abrupt zum Halten. Die vier Männer, die sich nicht sicher waren, was sie von dem halten sollten, was gerade geschah, ließen die Bahre auf den Boden hinab.

Eine Menschenmenge hielt den Atem an angesichts dieses von blankem Zorn ergriffenen Mannes.

Der Zimmermann kniete neben dem Kind nieder und streckte seine Hand aus, um es zu berühren. Der Mutter des Kindes entfuhr ein Schrei. „Herr, fasse ihn nicht an, denn es steht geschrieben, dass man die Unreinheit des Todes nicht berühren soll."

Der junge Mann hob seinen Kopf, richtete seine Augen auf den finsteren Engel und antwortete: „Tod? Welcher Tod?"

Der Todesengel grinste höhnisch, beugte sich nieder und verstärkte seinen Griff auf das Kind.

Mit großer Sanftheit bewegte der kniende Zimmermann seine Hand auf den Jungen zu. Als die Hand des Zimmermannes ihr Ziel – nicht das Kind, sondern die Hand Todes – erreichte, schrie der finstere Engel vor Überraschung auf und zog vor aufwallendem Schmerz seine Hand zurück. Die Menge brach in wildes Geschrei, gepaart aus Furcht und Freude, aus. Der kleine Junge öffnete seine Augen und setzte sich auf.

Während die Menge in chaotischer Aufregung war, bewegte sich der junge Zimmermann rasch die Straße hinab, um der schwarzen und schrecklichen Kreatur, die den Namen Azell trug, erneut den Weg zu versperren.

„Halt!", donnerte der Herr, als er die Grenze der Zeit überschritt und wieder in das Reich des Unsichtbaren eintrat.

Zum ersten Mal, seitdem er an jenem furchtbaren Tag im Garten Eden auf die Schöpfung losgelassen worden war, gehorchte der Engel des Todes dem Befehl eines anderen.

„Tod! Verdammter Tod!", schrie der Herr, am Rand seiner Selbstbeherrschung.

„Höre mich, Tod! Verdammter ... verurteilter ... Tod! Bevor meine Braut auf der Bühne der Welt erscheint ... wirst du, Azell ... du, Tod ... wirst *du* sterben!"

Der junge Zimmermann wandte sich ab. Auf seinem Gesicht, das nur einen Moment zuvor von heftigstem Zorn verzerrt gewesen war, regierte jetzt das klare Leuchten des Triumphes.

„Matthäus."

„Ja, ich weiß, Juda“, antwortete der Levit und wühlte in den Taschen seines Mantels. „Wo *hab* ich denn bloß diese Liste?“

Kapitel 32

Der Zimmermann war sehr müde; der Tag war lang und beschwerlich gewesen. Wenn er sich nicht beeilte, würde er zu spät zu einem Festessen kommen, das zu seiner Ehre gegeben wurde, doch die Menge bedrängte ihn von allen Seiten. Sich in diesem Gewühl zu bewegen, war mehr als schwierig.

Über das Getöse, das sich um ihn herum erhob, lagerte sich ein anderes Geräusch – eins, das für dieses Reich nicht natürlich war.

Da war es wieder – ein langes, trauriges Klagen. Alle anderen Stimmen verstummten, alle Augen suchten nach der Quelle dieses unheimlichen Singsangs. Es war ein Lied aus der Hölle, das auch der tapfersten Seele eisige Furcht einjagen konnte. Kinder rannten weg, einige Menschen hielten sich die Ohren zu, während sich andere fester in ihre Gewänder hüllten.

Der junge Zimmermann reagierte sofort, indem er sich beherzt einen Weg durch das Meer von Menschen in Richtung des grässlichen Geschreis bahnte. Allein seine Haltung sorgte dafür, dass sich in der Menge eine Schneise für ihn öffnete, an deren Ende eine seltsame Kreatur sichtbar wurde, von der diese teuflische Musik ausging.

Unvermittelt hörte ihr Klagen auf. An seine Stelle trat ein schweres, mühsames Atmen, begleitet von einem Knurren und

Winseln. Ihr langes Haar hing so wirr um ihrem Kopf und ihre Schultern herum, dass nicht einmal deutlich war, in welche Richtung sie blickte.

Dann stießen aus dem verfilzten Durcheinander zwei trotzige Hände hervor, klauenähnlich, mit denen sie ihr Haar ruckartig zur Seite schob, so dass ein entstelltes und verzerrtes Gesicht zum Vorschein kam. Ein angewidertes Stöhnen erhob sich in der Menschenmenge. Ihr Gesicht war schmutzig, ihre Augen glasig. Sie drehte sich zur Sonne und suchte deren Feuer, wie jemand, der versucht, einen Weg zurück in die Realität zu finden.

Der Zimmermann versperrte ihr den Weg, sodass sein Schatten auf ihr Gesicht fiel. Sie wimmerte, dann wand sie sich wie in inneren Kämpfen, offensichtlich versuchte sie erneut – vergeblich –, sich von irgendetwas zu befreien ... irgendetwas ... zu verstehen.

Ihre glasigen Augen trafen die seinen. Sie wand sich noch einmal einen kurzen Moment lang, dann bildete sich ein abscheuliches, böses Grinsen auf ihrem Gesicht. Das Klagen begann erneut – dieses Mal stärker, obszöner als vorher. Ihre finstere Musik fiel ab und erhob sich dann wieder, ein dämonischer Lobgesang, der irgendeinen bösen Triumph feierte. Sein unangenehmer Rhythmus war irgendwie darauf gerichtet, dem jungen Nazarener diesen Triumph vor Augen zu führen.

Der Zimmermann wusste genau, woher dieses Klagen rührte. Er kannte seine Quelle, und er wusste, dass es die Knechtschaft dieses Mädchens war, die hier so triumphierend zur Schau gestellt wurde.

Wer war dieses Mädchen?

Sie war ganz und gar die Tochter Israels – die Nachkommin einer Hure.

So wie ihre Mutter gewesen war, so war auch sie. Ihre Mutter war mit Ägypten und Babylon in Sünde gefallen; und die Tochter war den Schritten der Mutter bereitwillig nachgefolgt.

Während sie noch ein Kind war, war sie eigensinnig, halsstarrig und aufsässig. Als sie entdeckte, dass Männer ihren Körper begehrten, war sie einerseits berauscht von einem Gefühl der Macht, andererseits erfüllt von bitterer Verachtung gegenüber ihren Freiern. Am Anfang verschenkte sie ihren Körper, aber als sie älter und erfahrender wurde, versah sie ihn mit einem Preis.

Die Verachtung wurde tiefer, die Rebellion heftiger, dennoch rühmte sie sich ihrer Sünde und trug den Titel einer Hure mit Stolz. Stück für Stück nahmen die dunklen Mächte der Unterwelt Wohnung in ihrem fleischlichen Wesen.

„Wahrlich, die Tochter Jerus“, seufzte der Galiläer.

Das Klagen legte sich; wieder kämpfte das Mädchen gegen irgendeine unsichtbare Macht. Dann zeigte sich ein höhnisches Grinsen auf ihrem Gesicht, gefolgt von einem Lachen – einem herausfordernden, spöttischen Lachen, das geradewegs an den Propheten aus Galiläa gerichtet war.

Jedes Auge, das zusah, schien zu verstehen, dass sich etwas – oder jemand – in ihr über den jungen Propheten lustig machte, obgleich nicht klar war, worauf dieser Spott zielte.

Mitleid, Zorn und Verständnis stiegen im Inneren des Nazareners auf. Aber noch mehr. Was seinem Herzen entsprang und sich dann auf seinem Gesicht ausbreitete, war der unverwechselbare Ausdruck von Liebe!

Was an dieser Prostituierten fesselte nur die Aufmerksamkeit des Herrn so sehr?

Ein bedeutender Moment in der göttlichen Geschichtsschreibung stand nun kurz bevor.

Der Zimmermann erforschte das Gesicht des jungen Mädchens. Er sah an den irren, hohlen Augen vorbei. Er sah die Einsamkeit, den Schmerz, die Narben, den gealterten Blick an einer, die noch so jung war. Er sah die Verletzungen, das Gefühl des Verrats; er sah die schreckliche Furcht, die sogar jetzt ihr Herz gefangenhielt, und hörte wieder den stummen Schrei nach Hilfe.

Er sah an dem äußerlichen Grauen vorbei; an dem Zynismus, der Bosheit, dem Knurren und Zähnefletschen, dem abscheulichen Lachen. Er sah den Dämon in ihr – nein, sieben Dämonen. Er sah die Seele, finster, mit einem dringenden Bedürfnis nach Erlösung. Doch sein göttlicher Blick drang noch tiefer ein. Er sah den menschlichen Geist – ein lebloses, graues Etwas. Der menschliche Geist – ein Element, das im Inneren eines jeden menschlichen Wesens zu finden ist, jedoch zum himmlischen Reich gehört – daliegend, kalt und tot seit den Tagen des gefallenen Adam.

Als er wiederum tiefer blickte, sah er noch etwas anderes. Ein schönes, wunderschönes junges Mädchen. Aber war das möglich?

Er hob seine Hand.

Der junge Zimmermann sah nicht mehr länger das Mädchen oder die Menschenmenge um sie herum. Er sah zurück in die Ewigkeit, ja sogar zurück in das Zeitalter vor den ewigen Dingen, zu einem Augenblick, den niemand außer ihm kannte – der Moment, in dem er Teile seiner eigenen göttlichen Natur abgegrenzt hatte ... abgegrenzt, damit sie eines Tages zu Teilen werden könnten von ...

Er sah ihn! Den Teil seines Wesens, der *zuallererst* abgegrenzt worden war.

Er senkte seine Hand. Wieder blickte er auf den toten Geist im Inneren des Mädchens.

Ihr Geist ist dazu ***bestimmt****,*
erneut *lebendig gemacht zu werden!*
Abgegrenzt in mir,
vor der Grundlegung der Zeit.
Vorherbestimmt, schon damals,
was diese hier werden würde ...

Irgendetwas in dem jungen Mädchen spürte die Intensität seines forschenden Blickes. Das Mädchen fiel nach hinten und begann, wie ein Hund zu heulen und zuzuschnappen. Ihr Toben und Fluchen gipfelte im Wahnsinn.

Der Zimmermann reagierte augenblicklich. Er streckte seine Hand aus und deutete direkt auf das Mädchen. Mit einer Stimme, die die Welt zu erschüttern vermag und die wie ein Donnerschlag nachhallte, rief er:

Sie gehört dir ***nicht****!*
Verlasse sie.
Komm heraus!
Jetzt und für immer.

Der Körper des jungen Mädchens krümmte sich, ihre Augen füllten sich mit Entsetzen. Sie griff sich an den Kopf, als hätte sie unbeschreibliche Schmerzen. Das obszöne Wehklagen hörte auf. Dann stieß das Mädchen einen letzten, markerschütternden Schrei aus und sank vollends zu Boden. Es gab für niemanden einen Zweifel. Das Mädchen war tot.

Instinktiv stürzten einige Frauen dorthin, wo der leblose Körper des Mädchens niedergefallen war. Sie strichen ihr Haar zurück und starrten sie mit sprachlosem Erstaunen an. Das Mädchen schlief, und auf ihrem Gesicht lag eine Spur ruhigen Friedens.

Und während niemand mehr auf ihn achtete, stahl sich der junge Zimmermann davon. Er war mittlerweile schon fast zu spät für seine Verabredung zum Abendessen.

Und das Mädchen, das dort am Boden zurückgelassen wurde ... wer ist sie?

Wer ist dieses Mädchen *wirklich?*

Kapitel 33

Der wohlhabendste Mann der Stadt und ein Pharisäer – reich und religiös. Ein solcher würde an diesem Abend Gastgeber des Zimmermannes sein.

Er wurde an der Tür der luxuriösen Villa von einem gut gekleideten Diener begrüßt, der ihn rasch durch das Haus hindurch und hinaus in einen großen, offenen Garten leitete. Nicht weit weg, auf der Stadtmauer, waren unter dem mondhellem Himmel die Umrisse des Nachtwächterturmes zu sehen.

In der Mitte des Gartens war auf dem Boden ein riesiger Teppich ausgebreitet, der mit einer schier endlosen Fülle exotischer Speisen bedeckt war. Es schien, als würden an allen Enden Diener umherhuschen.

Einige führten neue Gäste an den für sie vorgesehenen Platz, und andere trugen noch mehr mächtige Tabletts mit Delikatessen in den Garten.

Unter den anwesenden Gästen befanden sich auch die angesehensten Bürger der Stadt.

Simon, der im hinteren Teil des Gartens stand, signalisierte dem jungen Propheten, zu ihm zu kommen und den *zweit*höchsten Ehrenplatz im Bankettraum einzunehmen. Dann läutete der Gastgeber eine kleine Glocke. Dem Beispiel ihres Gastgebers folgend, knieten sich die Gäste zuerst und lehnten sich dann zurück, um zu essen.

Die Luft war erfüllt von Musik, Wein, Gelächter und einer Atmosphäre entspannten Feierns. Alles deutete darauf hin, dass es ein angenehmer Abend mit einem wohlhabenden Gastgeber und einem berühmten jungen Propheten werden würde. Vielleicht würde es sogar die Möglichkeit geben, Fragen an den Ehrengast zu richten. Doch der Abend sollte ganz anders verlaufen.

Schon ein paar Minuten nach Beginn des Mahles gab es Aufregung an der Tür, genug, um die Aufmerksamkeit einiger Augenpaare auf sich zu ziehen, was wiederum eine Welle von Geflüster auslöste.

In nur einem Moment wurde es im Garten totenstill. In der Tür stand eine Frau von der Straße. Nun war nichts mehr zu hören als das angespannte Atmen von hundert Seelen. Von irgendwoher kamen die Worte:

Es ist eine Hure!

Simon war zutiefst gedemütigt. Solch eine Belästigung, durch eine Frau von der Straße, hier ... in *seinem* Haus. In Anwesenheit *dieses* Gastes.

Unglaublich.

Eine ganze Zeit lang stand das junge Mädchen bewegungslos in der Tür. Alle kannten sie und einige staunten darüber, dass sie sich weder fürchtete noch schämte. Stattdessen kam sie ihnen beinahe heiter vor.

Sie fragten sich, wann das schrille, unheimliche Klagen wieder einsetzen würde, aber einige bemerkten auch, dass sie in jeder Hinsicht verändert schien.

Der galiläische Gast setzte in der Zwischenzeit seine Mahlzeit fort, er hielt es nicht einmal für nötig aufzublicken.

Das junge Mädchen setzte sich in Bewegung. Die Atmosphäre im Raum war wie elektrisiert, denn es gab keinen Zweifel was ihr Ziel war. Jedes Auge sah gebannt zu, wie sich das junge Mädchen durch den Garten bewegte und direkt hinter dem jungen Propheten, genau zu seinen Füßen, niederließ.

Als er sich nun umwandte, um über seine Schulter nach hinten zu sehen, reagierte der junge Mann zum ersten Mal auf die Gegenwart des Mädchens. Für einen unglaublich langen Moment bewegte sich nichts in dem Raum.

Dann zog das Mädchen einen kunstvoll gearbeiteten Flakon aus ihrem Umhang, der ganz offensichtlich mit irgendeinem exotischen, furchtbar teuren Öl gefüllt war und deren Inhalt zweifellos ihr gesamtes Vermögen darstellte. Mit außergewöhnlichem Anmut und einer Erhabenheit, die sonst Königen vorbehalten ist, brach sie ein Ende des Flakons auf und ließ sich auf ihre Knie nieder. Sofort war der Garten von dem kräftigen, berauschenden Duft eines exotischen Parfums erfüllt.

Simon starrte entsetzt auf das Mädchen und wollte einfach nicht wahrhaben, dass eine unreine Frau sich in solch einer Nähe zu ihm befand, noch dazu zu den Füßen des jungen Propheten. Er wandte sich einem der Würdenträger zu und sagte mit einem Flüstern, das gehört werden sollte: „Wenn dieser Mann ein Prophet ist, dann weiß er ganz bestimmt, dass sie eine Frau von der Straße ist, unrein! So wird er sicher nicht erlauben, dass sie ihn berührt."

Andere wiederum flüsterten laut: „*Sie* wird es gewiss nicht wagen, ihn zu berühren. Er ist ein Mann Gottes!" Währenddessen begann das junge Mädchen das wertvolle Öl über die Füße des Zimmermannes zu gießen. Während sie dies tat, erhob sie zuerst ihr Gesicht, dann eine Hand zum Himmel. Dabei rannen heiße Tränen langsam ihr Gesicht hinab. Bald fielen die Tränen auf seine Füße und vermischten sich mit dem Öl.

Der Zimmermann protestierte nicht, er rührte sich nicht einmal.

Ein schockiertes, ungläubiges Gemurmel erfüllte den Raum, als diese Frau der Sünde begann, seine Füße in Öl und Tränen zu baden. Indem sie sich noch tiefer hinabbeugte, begann sie liebevoll – ja fast leidenschaftlich – seine Füße zu küssen. Und von der Stadtmauer her rief der Nachtwächter den Abendpsalm:

Du sollest
den Herrn,
deinen Gott, lieben
mit ganzer Seele
und mit ganzem Herzen
und mit all deiner Kraft.

Aber *niemand* schien es gehört zu haben. Und die es hörten, verstanden es nicht.

Jetzt nahm das junge Mädchen ihr langes und schönes Haar, formte, indem sie die einzelnen Strähnen eng zusammenwickelte, ein Tuch daraus und begann, seine Füße damit abzuwischen. Und während sie seine Füße trocknete, fielen ständig neue Tränen auf sie herab.

Wer, so sage mir doch, wer ist dieses unglaubliche Mädchen?

Kapitel 34

„Simon."

Der junge Prophet brach sein Schweigen mit leiser, beunruhigend sanfter Stimme.

„Simon, du bist ein Mann, dem die Dinge Gottes wichtig sind. Du hast dieses Festessen mir zur Ehre gegeben, nicht wahr?"

„Ja, das ist richtig."

„Als ich in dein Haus kam, da erhielt ich keinen Begrüßungskuss auf meine Wange; kein Diener wusch mir den Schmutz dieses Tages von meinen Füßen. Aber diese Frau, die du eine Frau der Sünde genannt hast, ist gekommen und hat meine Füße gewaschen, nicht etwa mit Wasser, sondern mit dem kostbarsten aller Öle ... und mit ihren Tränen. Und schließlich hat sie sie auch noch mit ihren Lippen trocken geküsst."

„Nun, Simon, möchte ich dir eine Frage stellen. Zwei Männer hatten bei einem König große Schulden, einer aber schuldete die größere Summe. Der König erließ beiden ihre Schuld. Welcher, Simon, hat den König deiner Meinung nach wohl mehr geliebt?"

Simon war vor Ärger und Scham hochrot geworden. Er musste sich jedes einzelne Wort seiner Entgegnung abringen.

„Nun, Herr, derjenige, der die größeren Schulden hatte, nehme ich an."

„Du hast die Wahrheit gesprochen, Simon."

Der junge Prophet erhob sich und sah dabei das Mädchen an. Er streckte ihr seine Hand entgegen und richtete sie auf.

„Wahrlich, wem wenig vergeben ist, der liebt wenig. Wem viel vergeben ist, der liebt viel." Er sah dem Mädchen geradewegs in das Gesicht ... das zu einem Strom funkelnder Tränen geworden war.

„Dir ist vergeben, und du bist gereinigt. Alles ist vergangen, so als wäre es nie gewesen."

Das junge Mädchen sah ihn an, so als ob sie die weitesten Tiefen jedes seiner Worte verstehen würde.

„Nun, Kind, geh ... und sündige nicht mehr."

Das junge Mädchen bewegte sich nicht. Stattdessen fiel sie noch einmal auf ihre Knie.

„Mein Herr und mein Gott. Ich bin gereinigt ... und ich werde nicht mehr sündigen. Aber ich werde niemals ... niemals ... fortgehen."

Kapitel 35

Ungefähr zwanzig Männer und vier Frauen begleiteten ihn, wohin er auch immer reiste. Vom Tag ihrer Befreiung an fragte sie nicht, sondern *wurde* ganz einfach Teil dieser kleinen Gruppe von Nachfolgern. Wo er hinging, da ging auch sie hin und goss ihre ganze Liebe und ihr ganzes Leben über ihm aus.

Schon in den frühesten Morgenstunden sah man sie sein Frühstück zubereiten. Wenn er sich setzte, um zu lehren, dann war *sie* da, zu seinen Füßen. Wenn er fortging, ging sie mit ihm fort. Wenn die zwanzig Männer zu viel von ihm forderten, protestierte sie ruhig, aber bestimmt. Sie wusch seine Füße, servierte seine Mahlzeiten, kümmerte sich um seine Kleidung, legte abends frische Früchte neben sein Bett. Er, der von sich selbst sagte: „Ich bin das lebendige Wasser", hatte immer kühles Wasser zu trinken – von *ihren* Händen herbeigebracht. Wenn die Nächte kalt waren, sorgte sie dafür, dass das Haus, in dem er zu Gast war, warm sein würde. In der heißen, glühenden Sommersonne wanderte sie mit der kleinen Gruppe von Nachfolgern von Dorf zu Dorf, von Stadt zu Stadt – immer hinter *ihm* her.

Doch warum solche Hingabe?

Weil sie ihn verehrte. Ihn leidenschaftlich und von ganzem Herzen liebte. Sie war total verliebt, absolut hingerissen, und von einer tiefen Liebe zu ihrem Herrn und Meister erfüllt. Es war ihr egal, wer es wusste. Sie war beschämend unbeschämt in dieser Sache.

Die anderen gewöhnten sich schließlich an den Anblick ihrer hingebungsvollen Verehrung und an den ungehemmten Strom von Zuneigung, der vom frühesten Sonnenaufgang bis zum letzten Licht des Tages andauerte.

Sie lernten sogar von ihr. Oh, sie *alle* bekundeten ihn in gleicher Weise wie sie zu lieben. Aber sie *sprachen* davon, Rom zu stürzen, den gegenwärtigen jüdischen Staat abzuschaffen, einen imposanten Thron aufzurichten, die gemeinen Gerüchte, die offenbar ständig über ihren Herrn verbreitet wurden, zu rächen. Sie träumten davon, politische wie geistliche Macht auszuüben, Dämonen auszutreiben, Cäsar in einen Kerker und Satan in einen brennenden Abgrund zu werfen.

Sie bekundeten Liebe, aber sprachen von Macht und Ruhm. Doch ganz allmählich veränderten auch sie sich. Als aus Monaten Jahre wurden, sprachen sie zunehmend weniger von Eroberung und befassten sich mehr mit der Aufgabe, ihren Gott zu lieben.

Das Erstaunlichste von allem aber war: Er reagierte. Er gab Liebe zurück. Es war fast ein wenig seltsam, dass der Sohn Gottes für jemanden sorgte, Zuneignung empfand, liebte und Liebe erwiderte ... und das so vollkommen, so gänzlich. Dass Gott lieben könnte, mit solch einem Eifer, war einfach etwas, das ihnen noch nie in den Sinn gekommen war. Auch konnten sie nicht so recht verstehen, warum sie es so schwierig fanden, ihm gegenüber Liebe zum Ausdruck zu bringen.

Ihre Mutter war zuvor über Jahrhunderte an gerade dieser einfachen Aufgabe gescheitert, aber nun erfüllte dieses einfache Mädchen vor aller Augen den höchsten Befehl des Universums. Ihren Gott zu *lieben*.

Während sie ihr zusahen, lernten sie. Denn obwohl sie ihre Liebe in Dienst und Fürsorge ausdrückte, zeigte sie ihre Liebe noch viel mehr durch ihre Augen, durch ihr Herz, ihre Seele und durch das Feuer und die Leidenschaft ihres ganzen Wesens. Diese

Liebe war keine Abstraktion. Unentwegt, Tag für Tag, mit völliger Hingabe – liebte sie ihn. Man konnte es in ihren Augen sehen, in der Art, wie sie niederkniete, in den Momenten des Lobs und der Freude und wenn sie in sein Gesicht sah – was sie fast immer tat, wenn sich Gelegenheit dazu bot.

Wer ist dieses Mädchen ... dieses *unglaubliche* Mädchen?

Kapitel 36

Das alte Gefühl der Einsamkeit hatte ihn wieder einmal ergriffen. Er stahl sich von allen davon, verließ die Stadt und stieg langsam die Hänge des Ölbergs hinauf. An einem guten Aussichtspunkt hielt er an, ließ sich nieder und lehnte sich zurück an einen Baum, um von dort aus die Stadt zu betrachten, die jenseits des Tales vor ihm lag.

Er beobachtete diese Stadt nun schon seit mehr als 2000 Jahren; und all diese Jahre hindurch hatte sie sein Herz gebrochen. Er seufzte, presste sein Kinn in seine Hände und begann zu weinen.

Sein Blick intensivierte sich, und die Sicht auf die Stadt, die zu seinen Füßen lag, wich einer göttlichen Sicht. Langsam zog sich die aus Menschen, Häusern und dem Tempel bestehende Stadt zu einer Einheit zusammen. Aus diesem umherwirbelnden Mosaik kam allmählich eine einzelne Gestalt zum Vorschein. Anstelle der Stadt erschien dort in dem Tal jenseits von ihm eine junge und sehr schöne Frau. Sie war ganz in Weiß gekleidet. Er murmelte nur ein Wort:

Jeru!

Sie war sehr jung und äußerst schön. Als er sie betrachtete, erinnerte er sich daran, wie sie hierher gekommen war, in das verheißene Land, und wie sie sich im Herzen von Judäa niedergelassen hatte. In diesen Tagen waren ihre Schönheit und Unschuld atemberaubend gewesen.

Dennoch, was die fremden Bräuche der Menschen und Götter in den umliegenden Ländern anbelangte, schien sie von Anfang an eine übermäßige Neugier zu entwickeln. In den Tagen Salomos, als ihre Schönheit auf dem Höhepunkt angelangt war, brach sie das Verlobungsversprechen, das sie ihm gegeben hatte, und stürzte sich in *deren* Welt.

Er betrachtete das Mädchen eine ganze Zeit lang, und während die Minuten vergingen, schien das junge Mädchen älter zu werden. Ihre Züge verhärteten sich, genau wie ihr Herz.

Er wusste es. Bald würde sie gemeinsam mit anderen den EINEN töten, mit dem sie verlobt gewesen war. Aber noch mehr. Er wusste, dass auch Jeru sehr bald *sterben* würde! Sterben, um nie wieder aufzuerstehen.

Nicht nur sie, sondern auch alle, die sie ihm abspenstig gemacht hatten.

Meine Rivalen, meine Feinde – alles wird bald zu einem Ende kommen. An Stelle des jungen Mädchens wird ein geistiges Wesen entstehen, von dem du, Jeru, nur ein Abbild gewesen bist. Eine andere wird kommen, weitaus schöner als du. Eine neue ...

Aber seine Gedanken wurden abrupt unterbrochen.

„Herr, ich hätte dich nicht gestört, aber es ist wichtig – sehr wichtig."

„Ja?"

„Wir haben Wind von einer Verschwörung bekommen. Die Einzelheiten kennen wir nicht, aber es scheint, dass jemand ..."

„Ja, ich weiß. Ich weiß es schon seit langer, langer Zeit. Macht euch keine Sorgen. Es handelt sich um eine Angelegenheit, die von meinem Vater sorgsam überwacht wird. Darf ich dich nun um einen Gefallen bitten? Würdest du am Fuß des Berges auf mich warten? Ich möchte gern noch einen Moment länger allein sein."

„Ja, Herr“, antwortete der Jünger, wandte sich um und zog sich eilig vom Gipfel des Berges zurück.

Wieder wandte er seine Augen der Stadt zu. Die furchtbare Erkenntnis, was diese alte Stadt in Wirklichkeit war, überwältigte ihn erneut. Unter einem Strom von Tränen und unter Schluchzern des Leides rief er aus:

„O Jerusalem, Jerusalem. Du hast so oft gerade die gesteinigt, die kamen, um dich zu retten. Wie oft haben sie dich aufgefordert ... habe *ich* dich aufgefordert ... zurückzukehren. Aber du wolltest nicht. Wie oft hätte ich dich in meine Arme genommen wie eine Henne ihre Brut, aber du wolltest nicht.“

O Jeru,
Jeru, Jerusalem,
Heute Abend, besiegele dein Schicksal ... für immer.

Kapitel 37

Später an diesem Abend wurde eine einsame Gestalt von ihrem Gebetsplatz in einem Olivenhain zum Gerichtssaal geführt, um dort wegen Gotteslästerung angeklagt zu werden. Ein paar wenige hatten ihn geliebt, aber noch viel mehr hatten ihn gehasst.

Die mitternächtliche Verhandlung machte diese Tatsache deutlich. Seine Worte wurden ihm im Munde herumgedreht; falsche Zeugen berichteten den Stadtvätern genau die Worte, die diese hören wollten. Das Ziel von alledem war offensichtlich. Sie wollten nicht, dass dieser lästige Galiläer noch länger existierte.

„Dieser hier ist es nicht wert zu leben." Das war das abschließende Urteil. Er wurde aus der Halle zu seiner Verabredung mit dem Tod geführt.

Es ist doch seltsam, was manchmal einem Mann durch den Kopf geht, der dem Tod ins Auge sieht. Er erinnerte sich an einen Augenblick in weit entfernter Vergangenheit. Eine Unterhaltung.

„Adam, siehst du diesen Samen? In mir und in diesem Samen verbirgt sich ein Prinzip, das nicht aufgehoben werden kann. Wenn der Samen lebt ... bleibt er *allein.* Aber wenn der Samen in die Erde fällt und stirbt ...

Schlafe hier, Adam. Oder bleibe für immer allein! *Lebe,* in Einsamkeit. *Stirb,* und werde zu vielen."

Seine Gedanken wurden unterbrochen. Es schien, als wäre da eine Kleinigkeit übersehen worden. Man würde noch einmal über ihn verhandeln müssen.

Kapitel 38

Die feindliche Besetzung des Landes erforderte eine Gerichtsverhandlung durch die fremde Regierung. Die Regierung der Hebräer und Regierung der Heiden mussten darin übereinkommen, dem Mann ein Ende zu bereiten. Jude und Nichtjude mussten in dieser Angelegenheit eins sein. Und so führten sie ihn zum Palast des Pilatus.

Der Zimmermann betrachtete sorgfältig das Gesicht des Mannes, der versuchen würde, ein unschuldiges Opfer vor der Exekution zu retten, das gar nicht gerettet werden wollte.

Die Unterhaltung zwischen ihnen berührte viele Themen, auch die Regierung.

„Bevor dieser Tag zu Ende geht", teilte ihm der Zimmermann ganz sachlich mit, „werden eure *beiden* Regierungen und eure *beiden* Rassen mit mir hingerichtet werden. Juden und Heiden werden aufhören zu existieren."

Auf diesen Kommentar hin befahl Pilatus, den jungen Propheten zu seinen Feinden zurückzubringen.

Irdische Regierungen waren nun übereingekommen: Er muss sterben. Aber es war noch ein weiteres Votum für vollkommene Einstimmigkeit erforderlich. Und so wurden die Bürger der Stadt zusammengebracht, damit sie ihr Urteil fällen konnten.

Der Galiläer wurde auf einen Balkon gebracht, der Aussicht auf einen riesigen Hofraum gewährte. Dort befanden sich, so weit das Auge sehen konnte, die Bürger Jerusalems. Sie schrien und kreischten. Das Bild verschwamm vor seinen Augen; in seiner Phantasie begann die Menge umherzuwirbeln. Langsam gestaltete sich die Szene um.

Vor ihm stand seine Verlobte, Jeru. Sie erhob ihre Faust und bedrohte ihn damit. Während Hass und Wut in ihrem Gesicht funkelten, schrie sie ihre Gefühle heraus. „Weg mit ihm! Kreuzigt ihn! Kreuzigt ihn!“, verlangte sie.

Aus der Tiefe seines Wesens stöhnte er:

O Jeru, Jeru – Jerusalem!

Jetzt, da das Urteil vollständig war, führten die heidnischen Soldaten ihr Opfer aus dem Gerichtssaal heraus, auf die Straße und zu einem wartenden Gefängnis. Durch dunkle Kammern führten sie ihn, entblößten ihn und schlugen ihn ... gnadenlos.

Einen Moment lang verlor er das Bewusstsein. Als er erwachte, griff er – wie es auch der erste Mensch der Erde einst getan hatte – instinktiv nach seiner Seite.

„Nein. Noch nicht. Ich bin noch ganz.“

Er wälzte sich auf dem kalten Steinboden herum, versuchte aufzustehen, brach aber vor Schmerz wieder zusammen. Durch angeschwollene Lippen flüsterte er:

Noch nicht, Adam. Noch nicht. Aber bald.

Kapitel 39

Halb blind, dem Tode nah, schleppte er den hölzernen Balken den grausamen Hügel hinauf. Als er stolperte und hinfiel, wurde ein Vorübergehender verpflichtet, die Aufgabe zu vollenden.

Durch blutunterlaufene Augen erhaschte er den ersten Blick auf Golgatha und hörte das Geräusch von Hämmern, die ihr Hinrichtungsinstrument fertig stellten.

Die Soldaten drehten den Zimmermann herum, damit er sehen konnte, was vor ihm auf dem Boden lag. Das Kreuz!

Er hatte es seit *jenem* Tag nicht mehr gesehen ... dem Tag vor der Geburt der Ewigkeit.

„Das mächtigste Werkzeug der Zerstörung im ganzen Universum!“, wisperte er. Er hob seinen zerschundenen Kopf und versuchte – da seine Augen fast blind waren – zu ertasten, ob alles an seinem Platz war. Ja, da die Nägel, der Holzhammer, das spöttische Schild, der Essig. Alles, was schon seit unzähliger Zeit untrennbar mit ihm verbunden war, war vorhanden.

Er schlug die Augen nieder und blickte erneut auf das Kreuz, das vor ihm lag. Niemand auf der Erde oder im Himmel wäre jemals darauf gekommen, dass in Holzbalken die Kraft liegen könnte, die die gesamte Schöpfung vernichten würde.

Aber etwas fehlte!

Langsam blickte er umher und begutachtete das gesamte makabre Panorama. Da war er! In den Händen eines römischen Soldaten! Der Speer, der seine Seite öffnen würde.

Irgendetwas in ihm, ein Gefühl der Vollendung, erfüllte sein Wesen. Ein schwaches Lächeln kämpfte sich auf die Oberfläche seines Gesichtes.

„Weiter! Kreuzigt ihn!“, schrie jemand aus der Menge.

„Oh, du hast keine Ahnung, was heute gekreuzigt werden wird“, murmelte er. Dann wandte er seine Augen gen Himmel und sprach unsichtbare Universen an, indem er flüsterte: „Alles ist bereit.“

Auf diese einfachen Worte hin leerte sich die gesamte himmlische Daseinssphäre, denn die himmlischen Heerscharen stürzten sich in die Zeit, um dort jedes Dach, jeden Hügel und jeden Berg in und um Jerusalem zu besetzen. Zehntausendmal zehntausend Schwerter wurden von empörten und weinenden Engeln gezückt. Jede Sehne in ihnen spannte sich an, während sie auf einen Befehl warteten – irgendeinen Befehl –, der es ihnen erlauben würde, auf diesem Hügel Vergeltung zu entfesseln.

Erbarmungslos machten sich die Soldaten daran, ihn auf den Holzbalken niederzudrücken, nur um festzustellen, dass er sich äußerst bereitwillig auf dieses Kreuz legte und seine Hände und Füße ausstreckte. Auch entging es nicht ihrer Aufmerksamkeit, dass ihr Gefangener den wartenden Nägeln seine Handflächen öffnete.

Einer der Soldaten zögerte einen kurzen Moment, als er den seltsamen Mann, der vor ihm lag, betrachtete. Dann aber griff er nach einem der langen, kalten Nägel und dem schweren eisernen Hammer. Er presste den Nagel fest auf das Handgelenk und hob den Hammer hoch in die Luft.

Der Zimmermann erhob ganz leicht seine andere Hand und *Raum und Zeit standen still!*

In den inneren Geist eines jeden Engels gelangte – wie Feuer auflodernd – der unausgesprochene und ziemlich unglaubliche Befehl ihres Herrn. Einen einzigen Moment lang zögerten sie.

„Jetzt!“, befahl der Zimmermann: „*Alle* Dinge zum Kreuz!“

Kapitel 40

Der junge Zimmermann hatte den Engeln nicht nur einen Befehl, sondern zugleich auch eine Fähigkeit gegeben. Sie konnten nun etwas tun, das bis jetzt nur *er* getan hatte. Um seinen Willen auszuführen, hatte er es seinen Engeln ermöglicht, Herren über Raum und Zeit zu werden. Sie würden erleben, was nur der *ICH BIN* zuvor erlebt hatte: Während der nächsten wenigen Augenblicke würden sie in der Lage sein, sich zu jedem Punkt in Raum, Zeit ... oder Ewigkeit zu begeben. Sie konnten die Korridore der gesamten Zeit durchwandern und in jeden Ort der Geschichte eindringen. Sie konnten über alle Stationen der Zeit hinwegreisen – und zu *vielen* Orten in der Ewigkeit – wobei sie sich, wenn nötig, in *beide* Richtungen der Ewigkeit bewegen konnten, sogar in das Zeitalter vor der Zeit und, wenn es sein müsste, bis zum endgültigen Ende aller Zeiten.

Indem sie noch schneller davonrasten, als sie selbst begreifen konnten, begaben sie sich an den jeweils für sie vorgesehenen Ort, um den Willen ihres Meisters auszuführen.

Kapitel 41

Es war der Engel mit dem einfachen Namen Bote, der sich rückwärts durch alle Zeit stürzte, dann zurück durch die gesamte vergangene Ewigkeit – gar zu dem Zeitalter vor *allen* Dingen *außer Gott!* Dort, in der vergangenen Ewigkeit, fand er ein Lamm – geschlachtet – auf einem hölzernen Kreuz. Er hob diese Trophäe endloser Liebe – eine Trophäe, ein Tod, eine Kreuzigung, die bis jetzt unbekannt war – hoch und trug das geschlachtete Lamm durch die Ewigkeit in die Zeit und schließlich bis nach Golgatha, um das Kreuz – und das Lamm – eins zu machen mit dem verfluchten Baum und dem Zimmermann, der ausgestreckt darauf lag. Alle Punkte der vergangenen Zeit und der zukünftigen Zeit, alle Punkte der vergangenen Ewigkeit und der zukünftigen Ewigkeit liefen auf diesem Kreuz zusammen. Ein Kreuz und sein gekreuzigtes Opfer, geschlachtet vor der Schöpfung, hatten endlich ihren Platz im Kontinuum der Zeit gefunden. Und alle Dinge, die vor der Gründung der Welt gekreuzigt worden waren, reisten nach Golgatha – aus der Vergangenheit und aus der Zukunft –, um in der *Zeit* gekreuzigt zu werden!

Zugleich begab sich ein anderer Engel an den seit langem vergessenen Ort, wohin Eva und Seth einst den Körper eines alten Adam gelegt hatten. Der Engel nahm den Erstgeborenen unserer Rasse fest in seine Arme und trug ihn vorwärts durch die Zeit, bis er schließlich nach Golgatha kam. Im Schoße Adams lagen alle Nachkommen der menschlichen Rasse, denn sie waren schließlich *in* ihm. Des Weiteren lagen im Schoße dieses ersten Mannes nicht nur die gesamte Menschheit, sondern auch der Fall Adams, der Fluch und die Selbst-Natur, die die menschliche Seele befallen, geplündert und entstellt hatte.

Adam, und die gesamte Menschheit *in* ihm, wurde in den Händen eines Engels an den Ort getragen, an dem der Zimmermann hingerichtet werden sollte, und vereinigte sich dort mit dem Kreuz. Adams Rasse wurde gekreuzigt!

Einer der Erzengel erhob sich von der Erdoberfläche, stellte sich über den Planeten und rief zur vergangenen Zeit und zur zukünftigen Zeit, indem er sämtlichen Regierungen, Herrschaften, Gewalten und Fürstentümern aller irdischen Zeiten vorzutreten befahl. Er nahm sie alle in seinen mächtigen Armen gefangen, stürmte zurück in die Zeitsphäre und flog in Richtung Jerusalem.

Als er vor dem Kreuz stand, wartete er ... wartete darauf, Fürsten und Fürstentümer am Kreuz unseres Herrn gekreuzigt zu sehen.

Einer von den Engeln jedoch bewegte sich nicht von der Stelle. Golgatha selbst war seine Verabredung. Auf der einen Seite des Kreuzes stand eine Menschenmenge von Juden. Auf der anderen Seite eine Garnison heidnischer Soldaten. Zwischen ihnen befand sich – sichtbar nur für Augen, die den Ungesehenen gehörten – eine Mauer. Eine unüberwindbare Mauer, die den Juden und den Heiden scheidet und sie seit den Tagen Abrahams voneinander getrennt hält. Der Engel riss die Mauer in seine machtvollen Arme, hob die Barriere hoch, hielt vor dem Kreuz inne und wartete ... wartete darauf, die Trennwand zwischen Beschnittenen und Unbeschnittenen am Kreuz hingerichtet zu sehen.

Wie die anderen wartete er darauf, dass das Ticken der Zeit erneut erklang.

Kapitel 42

Arm und Hammer begannen ihre wilde Reise abwärts in Richtung Nagel, zuvor aber hatten die zurückkehrenden Engel ihre Last in den Schoß des jungen Zimmermannes getragen.

Der Hammer krachte gegen den Nagel, und in diesem Moment wurden gekreuzigt

Der erste Mensch, Adam
Adams Rasse
Das gefallene Selbst
Die Trennwand zwischen Heide und Jude
Alle Regierungen
Fürstentümer
Mächte
Herrschaften ... und
Gewalten.

Ja! *Gekreuzigt* am Kreuz unseres Herrn Jesus Christus!

Kapitel 43

Noch einmal wurde ein Nagel tief in das andere Handgelenk gepresst. Noch einmal erhob der Soldat seinen Arm mit mächtigem Schwung, und noch einmal fror der Herr Zeit und Ewigkeit auf ihrer Reise ein.

In genau diesem Moment kam einer der Engel am Fuße des Berges Sinai an und begann, ungestüm die Steine und Felsen abzusuchen. Er hielt inne. Da lagen sie, zerschmettert, seit langem vergessen. Die Steintafeln mit den Geboten und dem Gesetz des Mose. Schnell drückte sie der Engel an seine Brust, wandte sich um und eilte erneut in Richtung des heiligen Tempels von Jerusalem.

Nachdem er im Hof des Tempels angekommen war, begab sich eben dieser Engel direkt ins Allerheiligste. Verängstigt, aber doch gehorsam, hob er den Gnadenstuhl empor, griff in die Kiste aus gehämmertem Gold und holte die heilige Abschrift des Gesetzes daraus hervor. Dann sammelte er im Innersten des Tempels jede Regel, jede Satzung, jede Verordnung zusammen, die jemals niedergeschrieben, verkündet oder erträumt worden war. Das *ganze* Gesetz, alle Gesetzlichkeit, alle Knechtschaft!

Der Engel wollte gerade aufbrechen, als er wieder die Stimme des Herrn in seinem Inneren hörte. Er wandte sich um und rief alle

Rituale aller Gottesdienste aller Zeiten zu sich. Wiederum wollte er aufbrechen, wandte sich aber noch einmal um, weil sein glühender Geist ihn dazu drängte. Nun rief er die Einhaltung aller heiligen Tage zu sich. Schließlich rief er sogar den Sabbat zu sich.

„Ihr seid nur Bilder meines Herrn. Heute werden Bilder, Symbole und Schatten meines Herrn ... enden!"

Zuletzt verließ er den Tempel, doch nur, um wieder aufgehalten zu werden. Er atmete schwer, wandte sich um und rief auch noch den Tempel zu sich! „Auch du. Denn auch du bist nur ein Bild meines Herrn. Heute endet das Bild!"

Nun erhob er sich hoch über die Erde und mit einer Stimme, die die Enden aller Zeit erreicht, befahl er jeder Regel, jeder Satzung, jedem Ritual, jeder Verfügung und jeder Verordnung, die jemals von einer auf dem Antlitz der Erde praktizierten Religion befolgt worden ist, ... vorzutreten!

Noch einmal stürzte sich der schwer beladene Engel abwärts durch die Himmel in die Zeit. Er kam gerade noch rechtzeitig, um seine große Last in den Schoß seines Herrn *hinein*zulegen. Er trat zurück. „All dies ... endet ... heute!"

Der Hammer krachte gegen den Nagel. Und mit ihm wurden

Alle Gesetze
Alle Regeln
Alle Verordnungen
Alle heiligen Tage
und alle Rituale

am Kreuz von Jesus Christus, unserem Herrn, gekreuzigt!

Kapitel 44

Die Soldaten banden die Beine des Herrn, pressten sie brutal gegen das Holz und nagelten seine Füße gegen das Kreuz. Unbarmherzig zogen sie den Pfahl nach oben, brachten ihn ins Gleichgewicht und stießen ihn dann in ein wartendes Loch. Es ertönten ein schrecklicher, dumpfer Schlag und ein ergreifendes Stöhnen.

Droben verdunkelte eine düstere und geheimnisvolle Wolke den Himmel. Mit jedem Moment wurde er dunkler und unheilverheißender. Die Einwohner der Erde wickelten ihre Kleider fester um sich herum und erschauerten innerlich beim Anblick der widerwärtigen Dunkelheit, die sich am Himmel über ihnen zusammenbraute.

Was sie sahen, waren nur kleine Tropfen riesiger, unheiliger Dinge, die aus dem unsichtbaren Reich durchsickerten. Die Engel befanden sich nun auf der dunkelsten und schrecklichsten ihrer Reisen. Durch Zeit und Raum flogen sie, in jedes Jahr, jede Stunde, jede Minute der menschlichen Geschichte. In jedes Dorf, jede große und jede kleine Stadt. Über Flachland und Wüste, sogar hinab ins Meer stürzten sie sich. Dann erhoben sie sich wieder und brachten ihre furchtbare Fracht zurück nach Jerusalem. Dabei achteten sie sorgsam darauf, im unsichtbaren Bereich zu bleiben, damit sie die Erde nicht mit dem Gestank ihrer schwarzen Ware überschwemmten. Dunkler und dichter wurde das massive Etwas, während zahllose Engel darum rangen, ihre Last bis zum verabredeten Augenblick zu erdulden.

Der Herr der Erde wurde schwach an seinem Kreuz. Seine Zeit war zu Ende.

Mit Stöhnen und Wehklagen und herzzerreißenden Schreien hoben die Engel ihre verdorbene Beute hoch, traten in die Zeit ein und stürzten den Hügel von Golgatha hinauf, wobei sie jede Sünde jedes Mannes und jeder Frau, die jemals gelebt hatten, bei sich trugen.

Sie brachten dieses abstoßende, pulsierende, lebende Ding namens Sünde an einem Ort zusammen, indem sie *alles* in das Lamm Gottes hineinstießen – das nun zur Sünde in Menschengestalt wurde. Alle Sünde war nun an einem Ort versammelt – *in* ihm. Die Göttlichkeit erfuhr nun das eine, das sie nie zuvor erlebt hatte. Unter der Flut dieser unbeschreiblich abscheulichen Invasion rief der Herr der Herrlichkeit, der nun von aller Heiligkeit verlassen war, fiebernd aus:

Mein Gott, mein Gott,
Warum hast du mich verlassen?

Einer der Erzengel, blind vor Wut und erfüllt von Rache, rief wütend den Seinen zu:

Jetzt, jetzt
an den Ort, der
der letzte Moment der Zeit ist.
Geht, zu unserem Feind! Dem Fürsten aller Fürsten!
Vergeltung, Vergeltung!
Jetzt, zu den Enden des Zornes.
Vergeltung, Vergeltung auf den Verdammten.
Geht zu dem letzten Moment der Schöpfung.
Findet ihn! Bringt ***ihn*** *zum Kreuz!*

Noch einmal stand, um die größte aller Vergeltungen zu ermöglichen, die Zeit still.

Kapitel 45

Indem sie durch Sphären streiften, in denen Raum und Zeit nicht existierten, flogen die auserwählten Engel vorwärts, bis sie an die Enden der Schöpfung kamen. Und sogar dort fanden die Engel Spuren eines Kreuzes. Mit erhobenen Schwertern und Augen, die Feuer spien, traten die Engel wieder in die Zeit ein, aber eine Zeit, die für das Königreich der Dunkelheit die letzte Sekunde der Existenz – innerhalb der Schöpfung – bedeutete. Es war Michael, der ausrief

Vergeltung!
Vergeltung!
Ihr – unheilige Gleichgestellte –
Seht der euch bestimmten Stunde entgegen!

Ohne Mitleid wirbelten die auserwählten Engel um die dunklen Bewohner des Reiches der Dämonen herum, wobei sie diese mit glühendem, blendendem Licht umzingelten und sie dann schreiend zurücktrieben durch die Ewigkeit, zurück durch das Tor, das die Ewigkeit von Raum und Zeit trennt. Aus der Vergangenheit wich das dunkle Heer zurück, zurück in Richtung Golgatha. Der *letzte* Moment der Zeit war – endlich – im Begriff, sich mit dem Zentrum des Ewigen zu treffen. Die Dämonen der Dunkelheit blickten auf, um jenes Kreuz zu sehen, das außerhalb der Schöpfung schwebte, und wussten aufgrund einer dunklen Ahnung, dass sie eine Verabredung mit diesem Instrument der Zerstörung hatten.

Aber wann würde diese Begegnung sein? In der vergangenen Ewigkeit oder in der zukünftigen Ewigkeit? Die Antwort kam plötzlich.

Die auserwählten Engel trieben ihre wütende, schreiende, unheilige Beute gnadenlos aufwärts, zurück in Richtung des Kreuzes. Zwei Erzengel mit blitzenden, umherwirbelnden Schwertern schleuderten die finsteren Teufel in den Schoß des eingeborenen Sohnes Gottes, auf ein Kreuz, das außerhalb aller Raum-Zeit-Dimensionen stand.

Nun erhob sich im himmlischen Heer ein herausforderndes Geschrei, wie es nie zuvor – und auch nie mehr seitdem – zu hören war. Die gesamten Heerscharen der Engel und Erzengel schwärmten *wieder* in das geheimnisvolle Tor, um irgendwo, an irgendeinem zukünftigen Ort, den Teufel aller Teufel zu finden und mit ihm den Kampf zu beenden, der lange zuvor am Thron Gottes begonnen hatte.

„Dieses Mal, Sieg!", schrien sie, fast außer sich vor Zorn.

Kapitel 46

Es war Michael, der – für die Gerechtigkeit entbrannt – in jenen Bereich einbrach, der den *letzten* Moment dieses Zeitalters darstellte. Dort stand der Fürst über alle Gewalten.

„Bevor du geschaffen wurdest, warst du bereits besiegt. In der Ewigkeit wurdest du gekreuzigt am Kreuz des Christus. Nun, verdammter Feind, gehorche meinen Worten und geh ... oder werde getrieben ... an ebendasselbe Kreuz, in Zeit und Raum!"

Luzifer fauchte wütend! Aber mit einem Zorn, der dem Zorn Gottes gleichkam, trieb Michael den verfluchten Engel, stolpernd und schreiend angesichts seiner Niederlage, zurück durch alle Zeit.

Am Fuße eines Berges hielten sie an. Aber nicht lange. Das Feuer von Michaels unerbittlichem Schwert trieb den Fürsten der Dunkelheit zum sterbenden Körper des *Herrn* über alle Fürsten. Dort fand sich Luzifer nicht nur in der Zeit wieder, sondern gerade in jener Zeit, die er sofort als Golgatha wieder erkannte, eben jenen Ort, den er einmal für den Ausdruck seines größten Triumphes gehalten hatte! Aber er sah den Hügel nun nicht mehr, wie er ihn zuvor gesehen hatte. Einen Moment lang sah er den Hügel durch Augen, die die Dinge sehen, wie Gott sie sieht. Was er nun erblickte, war ein Kreuz, an dem er selbst bereits *vor* Grundlegung der Schöpfung gekreuzigt worden war!

Auf eine unerklärliche Weise wurde der gefallene Erzengel unerbittlich geradewegs in den Schoß seines Feindes gezogen.

Und so wurden gekreuzigt

Der Fürst der Dunkelheit
und das
Königreich der Dunkelheit
am Kreuz
von Jesus Christus, unserem Herrn!

Kapitel 47

Während die Zeit weiter ruhte, wichen noch andere Elemente der Schöpfung dem alles zerstörenden Kreuz und wurden in den Sohn Gottes hineingezogen.

Während die Engel voller Erstaunen zusahen, löste sich die gesamte Welt aus der Zeit. Jenes Kreuz, das nun in einem riesigen Bereich des Nichts hing, zog Zeit, Raum, Materie und Ewigkeit in seinen Schoß.

Sowohl die sichtbaren als auch die unsichtbaren Schöpfungen, die Gesamtheit der kosmischen Schöpfung, begann, in den Schoß des Gekreuzigten hineinzufließen und in dem jungen Mann am Kreuz zu verschwinden. Zeit, Ewigkeit und Himmel vergingen. Die alte Schöpfung – mit allem, was der Fall krank gemacht hatte – war dahingeschieden!

Die Augen der Engel, die alle diese Ereignisse von außerhalb der Zeit betrachteten, sahen dabei zu, wie *alle Dinge* verschwanden.

Vor ihnen befand sich jetzt nur noch ein Kreuz, das in einer großen Leere hing. Alles andere war vergangen.

„Wir sehen nun für einen glorreichen Moment das, was die Augen Gottes schon immer gesehen haben!“, flüsterte der Engel, der den Namen Registrator trug.

Wahrlich, er hatte sein Wort gehalten. Er hatte *allen* Tod ... *alle Dinge* beseitigt.

Halleluja!

Kapitel 48

Ein eisiges Frösteln strich über die Engel hinweg. Sie hatten einen Moment lang den einen letzten und größten Feind vergessen. Denjenigen, mit dem auch sie nicht kämpfen konnten.

Tod erschien nun aus dem Nirgendwo. Auch angesichts einer gekreuzigten Schöpfung hatte das ewige Kreuz noch nicht dem einen gegenübergestanden, der sich rühmte, keinen Feind außer Gott selbst zu haben. Jetzt waren nur noch zwei Wesen übrig geblieben. Einer hatte für sich in Anspruch genommen, das ewige Leben zu sein; der andere beanspruchte, der ewige Tod zu sein, und dass durch seine Hand das Leben sterben würde. Tod, herausfordernd und furchtlos, näherte sich dem Kreuz und gluckste mit einem obszönen Dröhnen:

Wir treffen uns wieder,
und nun
zum letzten Mal!

Tod streckte seinen Umhang aus und bewegte sich langsam auf den zu, der am Ende doch noch seine Beute werden sollte.

Das größte Drama in der Geschichte des Universums hatte begonnen!

Ja, Tod,
zum ***letzten*** *Mal.*
Zögere nicht länger. Komm!

Damit bewegte der junge Zimmermann noch einmal seine blutüberströmte, von Eisen durchbohrte Hand. Plötzlich erschien die Schöpfung wieder. Der Ort des Geschehens war wieder in Raum und Zeit. Irdische Dinge wurden wieder sichtbar. Golgatha erschien.

Der Herr Jesus tat nun seinen letzten Atemzug. Der Engel des Todes bewegte sich unerbittlich vorwärts und bedeckte den jungen Zimmermann mit seinen Flügeln. Tod begann, den letzten Funken des Lebens aus seiner Beute herauszupressen.

Und Marias Sohn rief mit seinem letzten Atemzug aus:

Vater,
in
deine Hände
befehle ich
meinen Geist.

Damit starb der junge Zimmermann, um alle Feinde bis auf einen ins Grab mit sich zu nehmen. Tod, auf ewig tot, war noch am Leben!

Tod sah zu, wie das Leben starb, und warf dann mit einer Geste endgültigen Sieges seine Faust nach oben und schrie:

Ich habe
sogar ***Leben*** *selbst beendet!*
Ich *bin Sieger*
und Überwinder
aller Dinge.

Tod wandte sich zum Gehen, wobei Dunkelheit in einem schwarzen, triumphierenden Leuchten von seinem Gesicht strahlte.

Doch von irgendwoher, in einem Geheimnis, das sich jeder Nachforschung entzieht, griff eine unermessliche Kraft nach Tod.

Die schwarze Kreatur drehte sich um und schrie: „Der Ewige Geist!" Indem er all seine Kräfte zusammennahm, setzte er dieser unsichtbaren Macht seine eigene Kraft entgegen, die die Engel vor Furcht auf ihre Knie gehen ließ.

Die Engel, die sich niemals hätten träumen lassen, dass auch nur *eine* so starke Macht existierte, beobachteten nun zwei solche Mächte im ultimativen Kampf.

Einen Moment lang schien es, als wären diese Mächte gleichwertig und Tod könnte sich befreien. Aber langsam, unbarmherzig, wurde der Todesengel in Richtung der bewegungslosen, leblosen Gestalt gezogen, die an jenem wundersamen Stamm hing. Zuletzt ließen seine Kräfte nach, Azell schrie vor Entsetzen auf und verschwand im Inneren des Nazareners.

Und so wurden *alle* Dinge gekreuzigt. Und so war der Tod des Sohnes Gottes.

Ach ja.
Da ist noch etwas,
das an das Kreuz geheftet wurde
an jenem Tag –
***du** wurdest dort mit CHRISTUS gekreuzigt.*

TEIL 4

Kapitel 49

„Wir müssen uns beeilen, Nikodemus. Wir haben nicht mehr als eine Stunde.“

„Aber was ist mit dem Mädchen? Meine Diener sagen, sie bestehe darauf, dass ihr erlaubt werde, hierher zu kommen und seinen Körper für das Begräbnis vorzubereiten.“

„Unmöglich! Es sind nur noch wenige Minuten, bis der Sabbat beginnt. Wir haben kaum Zeit, uns zu reinigen, bevor der heilige Tag anfängt. Und das Mädchen sollte, ungeachtet ihrer Hingabe, lieber hingehen und dasselbe tun. Es schickt sich nicht für sie, sich am Sabbat mit irgendetwas Totem zu beschäftigen.“

„Was soll ich ihr denn sagen? Meine Diener mussten sie bereits mit Gewalt davon abhalten, in deinen Garten zu kommen.“

„Sag ihr, dass sie am Tag nach dem Sabbat hierher kommen darf und seinen Körper *dann* für das Begräbnis vorbereiten kann. Ich werde den Gärtner anweisen, das Grab für sie zu öffnen. Aber sag ihr, dass sie ihre Freundinnen brauchen wird, die vier anderen Frauen; es wird keine leichte Aufgabe sein.“

Joseph von Arimathea forderte seine Diener durch einen Wink dazu auf, mit dem Begräbnis zu beginnen. Sie zogen eine riesige Steinplatte zurück, wodurch ein sehr großes Grab offengelegt wurde.

„Es ist ein Jammer, ihn ... auf diese Weise ... in das Grab zu legen. Es ist kein schöner Anblick."

„Aber du hast ihm einen guten Ort für sein Begräbnis zur Verfügung gestellt", entgegnete Nikodemus. „Es ist ein wunderschöner Garten und für einen Propheten wie ihn nur passend, an einem solch grünen Ort in den Boden gepflanzt zu werden."

In diesem Moment schlenderte, unsichtbar für jedes irdische Auge, niemand Geringeres als ein Erzengel in den Garten und kniete neben der kalten, bewegungslosen Gestalt des Sohnes Gottes nieder.

Er blickte auf seine Seite und eine Wunde, die von einem römischen Speer herrührte. „Ja", flüsterte der Engel. „Genau der gleiche Platz. Ein klaffendes Loch. Und etwas fehlt! Nur dieses Mal *kein* Knochen."

Die Diener umringten den Körper des Nazareners und legten ihn vorsichtig in die Erde ... so wie jemand ein einzelnes, einsames Saatkorn einpflanzen würde.

Daraufhin entfernten sich die beiden Männer aus dem Garten und hinterließen einen führerlosen Erzengel, der die Szene, die sich ihm bot, nachdenklich betrachtete.

„Eine offene Seite. Eine einzelne Art ... einer, der starb, ohne jemals ein Gegenüber gekannt zu haben ... jetzt kalt und bewegungslos. Dieser Einsame, der so lange allein geblieben ist, ... hat aufgehört zu existieren. Und nun ... nun ist er in den Boden gepflanzt ... als ein *Samen?* Die Erde ist zu einem Grab geworden für den Samen aller Samen.

Und was für ein Grab es ist. Gott ist dort begraben! Begreift es denn niemand, *Gott* ist hier begraben! Niemals hat es ein solches Grab gegeben. Mit ihm begraben sind Fürstentümer, Mächte, alle Dunkelheit, die Feindschaft zwischen Jude und Heide, Adam ... Sünde ... die ganze Schöpfung! Und ... oh ja ... ein kleiner Trost – Tod ... auch *er* liegt hier begraben!

Nein, niemals hat es ein solches Grab gegeben.

Wir werden die Zeit hier bis zum Ende abwarten", beschloss der Erzengel.

„Aus einer Szene ganz ähnlich wie dieser, in einem anderen Garten, ging eine Braut für Adam hervor. Art nach seiner Art.

Söhne Gottes? Ist so etwas möglich? *Söhne Gottes? Töchter Gottes?* Seinesgleichen? Art von *seiner* Art?

Ein *Gegenüber* für unserem Herrn?

Aber wie?

Es könnte sein – obwohl ich nicht weiß, auf welche Weise –, dass diese Sache *hier* zu Ende geführt werden wird, in einer Form, die einem Gott angemessen ist, der, als er am Leben war, schon immer ein bisschen geheimnisvoll war und zum Unerwarteten neigte.“

Kapitel 50

Sie erwachte mit einem Ruck. Da war wieder dieser Traum. *Der Morgen wird bald anbrechen,* dachte sie. *Dann kann ich auch aufhören so zu tun, als würde ich schlafen.*

In ihren Träumen sah sie ihn immer und immer wieder gekreuzigt. Sie war müde und brauchte unbedingt Schlaf, aber da war immer der gleiche Traum ... Golgatha!

Aber *etwas* fehlte in diesem Traum.

Seine *Seite!*

Sie setzte sich aufrecht hin.

Das war es. Seine Seite. Der Soldat hatte im Moment seines Todes seine Seite durchstochen. Sie hatte es gesehen und vor Entsetzen geschrien. Nun erinnerte sie sich: Aus der offenen Wunde war Blut und Wasser herausgeflossen.

„Das ist einfach nicht möglich!“, murmelte sie. Was bedeutet das?“

Sie senkte ihren Kopf und fing wieder an, Tränen aus längst geschwollenen Augen zu vergießen, ... und sie fragte sich, wie lange das versprochene Morgengrauen noch auf sich warten lassen würde. Sie legte sich wieder hin und schlief für einen Moment ein, nur um mit einem Schrei zu erwachen. Wieder dieser Traum.

Sie würde nicht länger warten. Sie würde jetzt zum Grab gehen, während es noch Nacht war. Die anderen würden sie dort schon treffen. An seinem Grab würde sie vielleicht Trost finden und – wer weiß – vielleicht sogar Schlaf. Sie schlüpfte aus ihrem Bett und griff nach dem mit Gefäßen und Flaschen gefüllten Korb, den sie am Abend vorher so sorgfältig vorbereitet hatte.

Wenige Augenblicke später schritt das junge Mädchen in die Dunkelheit der Straßen Jerusalems hinaus, wobei sie die wertvollen Aloes, Öle, Gewürze und Salben bei sich trug, die sie verwenden würde, um ihren Herrn für eine angemessene Beerdigung vorzubereiten. Sie schauderte bei dem Gedanken, dass die Männer in ihrer Gleichgültigkeit seinen Körper so übereilt in die Erde gelegt hatten.

Der Nachtwächter zögerte nur einen Moment, bevor er das Tor öffnete, um dem jungen Mädchen zu gestatten, die Stadt zu verlassen. In der Dunkelheit hielt sie inne. Ihre Augen konnten die Nacht nur wenige Schritte weit durchdringen.

„Der Hügel ist in dieser Richtung“, sagte sie zu sich selbst, „dort, wo auch Josefs Haus liegt. Und dahinter der Garten.“

Ich habe ihn angebetet. Ich habe ihn geliebt, als er lebte, dachte sie. Jetzt ist er tot; aber lebendig oder tot, es macht keinen Unterschied: Er ist mein Herr.

Sie ging die Straße hinab, dann über eine Wiese zu einem schmalen Pfad. Von dort stieg sie einen steilen, grasbedeckten Hügel hinauf.

Plötzlich erzitterte der Boden unter ihren Füßen, schwankte und rüttelte schließlich mit großer Gewalt. Der Planet selbst schien angesichts irgendeiner katastrophalen Macht zu erbeben.

Das junge Mädchen wurde zu Boden geschleudert, während der Korb ihren Händen entglitt und sein Inhalt weithin verstreut wurde. Sie grub ihre Finger in das Gras und hielt sich mit all ihrer Kraft fest. Ein mächtiges Zittern schien geradewegs aus dem Inneren der Erde zu kommen und an Kraft noch zuzunehmen, während es sich der Oberfläche näherte.

Als es schließlich hervorbrach, zerriss das Beben die Erde mit unbändiger Gewalt. Schornsteine fielen, Straßen zerbarsten und

Gräber rissen auf. Die Erdkruste begann sich zu bewegen wie eine Meereswoge. Dann gab es einen ohrenbetäubenden Knall, gefolgt von einer Explosion des Lichts. Inmitten dieser chaotischen Demonstration ungezügelter Macht erhob sich der erste schwache Glanz des Tages.

Der Sonntagmorgen lag in Geburtswehen.

Kapitel 51

Auch das Grab blieb vom Ansturm dieses seltsamen Erdbebens nicht verschont und erzitterte gleichfalls mit ungestümer Heftigkeit. In der Tat war das Grab selbst das Epizentrum des Bebens. Nein. Nicht das Grab, sondern vielmehr der Leichnam darin. Irgendeine überirdische Macht hatte, so schien es, von dem blutüberströmten Körper Besitz ergriffen.

Die ganze Macht des Ewigen Geistes hatte sich *in* ihm gesammelt, um dort mit Tod den gigantischsten Kampf aller Zeiten und Zeitalter zu kämpfen.

Die Konzentration von Energie wuchs weiter an, der Konflikt wurde immer intensiver. Tod war am Kreuz gestorben, das stimmte, aber all seine Kräfte hielten mit ewigem Griff die Seele seines letzten Opfers umklammert. Die Fundamente der Erde erzitterten angesichts des Kampfes, der darum entbrannt war, Todes schier unüberwindlichen Griff von seinem Opfer zu lösen. Die ganze Schöpfung erzitterte unter dieser Spannung, während die Erde sich in heftigem Stöhnen aufbäumte und nach Erlösung schrie. Der Körper des Zimmermannes hallte wider von jener Kraft, die, was immer sie auch darstellte, dabei war wieder aufzubauen. Das ganze Grab ächzte und wankte und wurde in seinen Grundfesten erschüttert.

Einen flüchtigen Moment lang erfüllte ein sanftes Leuchten das Grab, ein Leuchten, das seinen Ursprung *innerhalb* des leblosen Körpers hatte, ... ein kurzzeitiger Vorbote jener ungeheuren Kraft, die sich von innen an die Oberfläche kämpfte. Eine Hand des Zimmermannes zuckte unter der aufwärts gerichteten Kraft in seinem Inneren. Es folgte eine Explosion von Licht – einem Licht so intensiv, das es die gesamten himmlischen Heerscharen, die draußen warteten, geblendet die Augen schließen ließ.

Alle Macht und alles Licht der Ewigkeit hatten sich in einer Seele gesammelt und brachen nun aus dem Inneren des Sohnes Gottes hervor – das Grab, die Erde, der Himmel, ja selbst die Engel glänzten in jenem Licht, das von überall her zurückstrahlte. Einen Augenblick lang schien es, als würde die Schöpfung zerschmelzen. Dann ließ das Licht nach.

Der Körper des Zimmermannes war nun eingehüllt in die Reinheit und Heiligkeit dieses Lichtes. Sein Leichnam schien in einem Inferno flüssigen Lichts zu vergehen. Oder hatte er sich nur *verändert?*

Unvergängliches Leben hatte die gesamte Fülle seiner Kraft ausgegossen, und inmitten dieser Explosion war die *Gestalt* des Fleisches von einem ewigen Körper verschlungen worden, der nun nicht mehr sterben konnte. Ein Körper so geistig wie der Geist selbst strahlte nun aus ihm heraus!

Nun tönte ein donnernder Schrei ... heraus aus dem Grab!

„Ich lebe!“

Sofort, ohne darüber nachzudenken, griff dieser Mann, der gerade aus dem Todesschlaf auferstanden war – ebenso wie es auch der erste Mensch, Adam, getan hatte –, nach seiner Seite.

„Eine Narbe! Eine Narbe an meiner Seite!“

„Es *fehlt* irgendetwas von *mir!* Irgendetwas ... irgendjemand ... der seit aller Ewigkeit in mir gewesen ist, fehlt jetzt!“

Er erhob sich *durch* das Grabtuch hindurch, sprang auf seine Füße und schleuderte das Tuch, das seinen Kopf bedeckt hatte, fort.

„Teilbar! Ich bin teilbar geworden.“

„Sie, die seit aller Ewigkeit *in* mir verborgen war ... sie ist aus meiner Seite hervorgekommen."

„Gebein von meinem Gebein ... Fleisch von ..."

„Nein!", brach es aus ihm hervor. „Geist von meinem Geist, Leben von meinem Leben ... Sein von meinem Sein", rief er aus, während er seine Arme voller Jubel emporriss.

Es ist nun einmal so, dass jemand, der seine Hand in die Erde steckt, mit Sicherheit Erde hervorbringen wird. Und wenn jemand seine Hand in die Seite des Menschen steckt, dann wird er ganz sicher etwas Menschliches hervorholen. Und wenn jemand – irgendwie – seine Hand in die Seite Gottes stecken würde, dann würde er mit Gewissheit etwas Göttliches hervorholen!

Irgendetwas von Gott war aus Gott hervorgegangen, genauso sicher, wie irgendetwas von Adam aus Adam hervorgegangen war. So wie Eva der Bestandteil von Adam war, so war irgendjemand, irgendwo Bestandteil von *ihm* gewesen.

Es ist doch eine seltsame Ironie, dass die einzigartigste, vollkommenste Kreatur im ganzen Universum – wie sie dort stand in einem entrückten Körper, der alles Licht und alle Herrlichkeit Gottes ausstrahlte – an ihrer Seite ... *eine Narbe* hatte! Den Hinweis auf den Preis, den er für sein Gegenüber bezahlt hatte.

Nun erhob er seine Hände und sein Gesicht voller Triumph und rief mit aller Macht aus: „Wo sind nun meine Rivalen? Wo sind meine Feinde?"

Genau wie der Samen,
so war auch ich
***allein*.**

In die Erde
fiel ich
und starb.
Wie der Samen,
so auch ich.

Der SAMEN
ist auferstanden –
Ich bin jetzt auferstanden
und ich bin nicht länger
allein.

Zuerst nicht mehr
als eine Vision,
verborgen in
meinem Herzen,
jetzt, aus diesem Grab,
mein Gegenüber!

Noch einmal schrie er mit aller Macht und voller Triumph:

„Ihre Freier und ihre Feinde? Wo sind ihre Feinde? Die Verdammung, die die ganze Schöpfung gequält hat, ... wo ist sie nun?"

Der Glanz Gottes strömte wie Sturzbäche gleißenden Lichtes in Wellen von ihm aus. Einen Moment lang stand er weder in einem Grab noch auf der Erde, sondern außerhalb der Grenzen der Ewigkeit ... Gott ... ein ewiger Mensch ... gekreuzigt ... auferstanden ... triumphierend über alle Dinge.

Mit einer Stimme, die sich über die Grenzen aller Schöpfung erhob, rief er:

Alle Dinge sind unter meinen Füßen!
Ich bin ***AUFERSTANDEN!***
Für immer lebendig.
Ich habe mich aus dem Grab erhoben.
Halleluja!

Kapitel 52

Er drehte sich um und ging geradewegs durch den Stein hindurch; denn obwohl sein Körper noch immer physisch war, gehörte das *Physische dieses* Mannes jetzt zum *Geistigen!*

Die versammelten himmlischen Heerscharen hatten ihn seit drei Tagen erwartet. In dem Garten, auf den Hügeln, rund um Jerusalem, so weit unsichtbare Augen sehen konnten, hatte die unzählbare Bürgerschaft des anderen Reiches gewartet.

Als er durch den Felsen hervortrat, eingehüllt in ein blendendes Feuer aus hellem Licht, brachen die Legionen auserwählter Engel in einen wilden Taumel aus Lob und Anbetung aus.

Einige der Engel schwangen sich empor, andere knieten nieder, die meisten jauchzten, einige wirbelten wie wild mit den Armen. Einige wenige sprangen sogar auf und nieder. Und es wird sogar berichtet – obwohl dies nicht bestätigt ist –, dass ein paar der Engel einander umarmten und ziemlich unengelhaft umhertanzten.

Einer der Erzengel, dann noch einer, erhoben sich in die Luft und bildeten über der Menge einen riesigen Kreis, wobei sie in ihrem Flug einen Schweif funkelnden Lichts hinter sich herzogen. Bald gesellten sich die gesamten Heerscharen zu dieser himmlischen Darbietung und umkreisten den auferstandenen Herrn, ein wahrer Tornado umherwirbelnden Lichtes.

Der Herr über Tod gab den beiden Erzengeln ein Signal. Schnell kamen sie herbei und rollten die Tür des Grabes fort und offenbarten damit, für alle Augen sichtbar, das leerste Grab, das es auf dieser Erde jemals gegeben hat.

Noch einmal steigerten die Engel, die vor Freude außer sich waren, ihren Jubel zu einem ungezügelten, geradezu chaotischen Lobgesang.

Der Herr bat mit einer Handbewegung um Ruhe, und obwohl sie niemals mehr bereit gewesen waren, ihm zu gehorchen als jetzt, flaute der Lobgesang nur kurz ab, um gleich darauf wieder anzuschwellen und sich zu neuen Gipfeln gewaltiger Anbetung zu erheben. Doch schließlich verstummten die himmlischen Heerscharen.

Ein herausfordernder Ausdruck zeichnete sich mehr und mehr auf dem Gesicht des Herrn ab, eine Haltung, die in diesem Moment geradezu unangemessen schien. Er wandte sich um und sah zurück auf das leere Grab, während seine Augen im Glanz tausender Infernos loderten.

Wieder erhob der Herr seine Hand. Auf irgendeinen stillen Befehl seines Schöpfers hin begann der Garten zu verblassen, und mit ihm Hügel und Täler, Himmel und Sterne. Die ganze Schöpfung schien sich in Luft aufzulösen. Schwebend in einem riesigen Reich von Nichts war nun nichts mehr vorhanden. Nichts außer den Engeln, ihrem Herrn und einem Grab.

Jeder Engel wusste, dass sie sich *nicht* mehr bei Jerusalem befanden, ja nicht einmal innerhalb der Zeit. Sie befanden sich, da waren sie sich sicher, entweder in einer Zeit vor der Schöpfung oder in irgendeinem weit zukünftigen Zeitalter, das existieren würde, nachdem diese Schöpfung verschwunden und vergessen war.

„Was ist es, das ich sehe?“, fragte sich Michael.

„Das Kreuz ist nicht an die Schöpfung gebunden? Es existierte vor der Schöpfung, in der Schöpfung und über die Schöpfung hinaus? Es ist ewig! So wie die Leere des Grabes und die triumphale Auferstehung unseres Herrn. Was bedeutet das? Was ist das Schicksal der Dinge, die mit ihm gekreuzigt wurden, denn sie wurden ja in einem Bereich gekreuzigt, in dem Zeit keine Gültigkeit hat."

Michael wusste, dass er bald seine Antwort haben würde, denn sein Herr war im Begriff zu sprechen.

Ich habe mich aus dir erhoben, o Grab.
Nun, Welt, mit all deiner Pracht
wurdest du mit mir begraben.
Jetzt, aus eigener Kraft, tritt hervor!

Es folgte eine donnernde Stille. Dann sprach er noch einmal.

Fürstentümer, Mächte, Herrscher und Gewalten –
ihr, die ihr über den Menschen regiert habt
und ihn in eurem System gefangen hieltet,
ihr, die ihr mit dieser Macht geprahlt
und aufgetrumpft habt –
ihr wurdet mit mir gekreuzigt!
Jetzt kommt hervor, wenn ihr könnt!

Eine königliche Stille war die Antwort.

Fürst der Dunkelheit – du, der du
um meinen Thron gewetteifert hast,
du, der du die Schöpfung regiert hättest,
hier, in der Ewigkeit,
erkläre ich das,
was du in der Zeit noch nicht weißt:
du wurdest in meinen Schoß gelegt
und hast dieses Grab mit mir geteilt –
kraft der Autorität, mit der du dich gebrüstet hast,
tritt nun hervor!

Die Stille, die darauf folgte, hallte lauter als ein Schrei.

Jetzt brüllte der Herr mit einer Leidenschaft, die selbst den tapfersten Engel beunruhigte.

Tod – du, der letztendliche Sieger
in allen Dramen der Erde,
du, mit deiner unerbittlichen Macht –
auf der Grundlage dieser Macht, der du dich rühmst
und die größer ist, als alle anderen zusammen,
Tod,
aus deiner eigenen Kraft
lebe*!*
Tod – verdammter Tod – aufgrund
deiner *Macht,*
ERHEBE DICH!

Ein Augenblick unerträglicher Stille folgte, während die Augen der Engel zu sehen versuchten, was einer derartigen Herausforderung folgen würde.

Nichts bewegte sich!

„Dann wisse, Azell, Engel des Todes, dass du gestorben bist! Eines Tages, innerhalb der Zeit, wirst du die Stunde verwünschen, in der du nach meinem Leben getrachtet hast. Als du dich meinem Kreuz nähertest, hast du deine Sichel über die Generationen der Menschen hinweggleiten lassen, in denen du mit deiner Klinge geerntet hast. Die Schöpfung und alles darin sind für immer verschwunden. Durch mein Kreuz und durch dieses Grab bist du dahingeschieden."

Grab ... wo ist dein Sieg,
Tod, wo ist dein Stachel!

Die Schöpfung und alles darin waren tatsächlich für immer verschwunden, überwunden durch ein Kreuz und ein Grab.

Der Herr und einige Engel brachen spontan in gemeinsamen

Gesang aus. Bestimmt hätten die Engel Schaden genommen, wenn sie dem Lob, das aus ihrem Inneren hervorquoll, nicht Luft gemacht hätten ... doch ließ der Herr sie wie betäubt verstummen, als er erlärte:

„Und nun, zu guter Letzt, werde ich euch das *Geheimnis* offenbaren, das seit ewigen Zeitaltern in Gott verborgen ist!"

Kapitel 53

Das Geheimnis! Unter den Engeln kursierten Legenden, dass es so etwas gab. Der Engel Registrator hatte gelegentlich so etwas angedeutet. Aber niemand kannte Bedeutung oder Inhalt dieses Geheimnisses.

Ein Geheimnis, vollkommen verborgen, denn es war verborgen *in* Gott.

Wieder erhob der Herr seine rechte Hand.

Ein großer Riss erschien im Gefüge des Nichts, das sie umgab.

Was die Engel innerhalb des seltsamen Tores sahen, war *Zeit* ... Zeit, die *rückwärts* lief. Da war Mose, dann Noah, Adams tragischer Fall, die Erschaffung des Menschen, die Erschaffung von Erde und All.

Dann entwickelte sich vor ihren Augen eine rückwärts gerichtete Chronik der Ewigkeit – die Erschaffung der Engel, ein Ereignis, an das sie sich alle erinnerten, war es doch die *erste* all ihrer Erinnerungen. Dann zurück zur Erschaffung des *ersten* Engels, Registrator.

Dann der Moment, in dem sich ein grenzenloser Gott umhüllte und in die Ewigkeit eintrat. Und dann endete im rückwärts gerichteten Flug alles umfassender Geschichtsschreibung ... sogar die Ewigkeit!

Die Engel sahen wie gebannt zu, als vor ihnen eine Szene erschien, die selbst dem Anbruch der Ewigkeit vorausging.

Sie erblickten – zum ersten Mal – Gott in seinem unbegrenzten Zustand. Gott, die Allumfassenheit, *vor* allen Dingen! Nicht einmal in den kühnsten Phantasien ihres Geistes hätten sie sich einen Gott vorstellen können, der so absolut ohne Grenze, so unermesslich, so voller Macht, so allumfassend ist. Sie sahen Gott, ihren Herrn, *bevor* er sich umhüllte und in das kleine Reich namens Ewigkeit eintrat. Sie sahen Gott, wie er *wirklich* ist! Einige fielen auf ihre Knie; andere, die nicht wussten, was sie tun sollen, bedeckten ihre Augen in der Gegenwart derart unverhüllter Herrlichkeit.

Irgendwie begann sich diese unglaubliche Vision zu verändern und den himmlischen Heerscharen wurde gewährt, *das Zentrum* Gottes zu sehen.

Vorübergehend war jeder Gedanke an ein Geheimnis aus ihrem Bewusstsein verdrängt gewesen. Aber nun drang der Zweck dieser unverhüllten Vision mit verblüffender Plötzlichkeit zu ihnen vor. Sie blickten direkt in das Zentrum der Tiefen Gottes hinein. Doch nicht einer von ihnen konnte sich vorstellen, welches Geheimnis dort verborgen lag.

Die Szene vor ihnen erhellte sich; mächtige Strahlen funkelnden Lichts und tosende Stürme gleißender Helligkeit wurden sichtbar. Dann begannen, im tiefsten Herzen dieses Ozeans von Gottheit, *abgetrennte* Teile seines Wesens zum Vorschein zu kommen. Und sich zu bewegen.

Da war etwas ... versteckt im tiefsten Innersten Gottes.

Intuitiv begriffen die Engel, dass sie nun genau jenen Augenblick in einem weit zurückliegenden vor-ewigen Zeitalter sahen, in dem ihr Herr Teile seines Wesens für irgendeinen hohen und zukünftigen Zweck abtrennte. Teile seines Wesens, bestimmt ... *vor* Grundlegung der Zeit ... doch wofür? Sie warteten. Die *abgetrennten* Teile von Gott gingen bald in die Millionen.

Auf unerklärliche Weise änderte sich die Szene erneut! Den Engeln kam es vor, als würden sie etwas Vertrautes sehen, doch wussten sie nicht, was es war! Jene abgetrennten Teile von Gott glänzten wie ... eine unbeschreiblich schöne ... was? Eine Stadt?

„Einen Moment lang dachte ich, ich sähe eine Stadt! Auf jeden Fall geht irgendetwas Gestalthaftes aus dem Glanz des Lichtes hervor!"

Das *Etwas* wurde zu einem *Jemand!*

Ein überraschter Engel, der andeutungsweise anfing zu verstehen, was sich da allmählich vor ihren Augen bildete, rief schockiert und verwundert aus:

„Jeru!"

Die Gestalt veränderte sich weiter und nahm immer schärfere Konturen an.

Überall im himmlischen Heer konnte man hören, wie hin und her geflüstert wurde: „Nein, nicht Jeru, ganz und gar nicht, sondern Eva. Eva ... es ist Eva."

Noch immer nahm die Gestalt an Schönheit und Herrlichkeit zu.

Zehntausend mal zehntausend Engel fielen auf ihre Knie, niedergestreckt wie *ein* Mann, allein von dieser Schönheit.

Rufe der Verehrung wurden laut, Schreie, die in ein Schluchzen übergingen und ein Weinen, wie es noch nie gehört worden war. Einige bedeckten ihre Gesichter, während andere jubelnd ihre Hände in die Höhe streckten.

„Mehr als Eva! Ja, weit mehr als Eva!"

Die Engel erinnerten sich nun an jenen unvergessenen Moment im Verlaufe der Erschaffung von Eva, als die Herrlichkeit Gottes die gesamte Schöpfung überwältigte. Dies war etwas gewesen, das sie bis dahin nie verstanden hatten. Jetzt wussten sie es! Als der Herr Eva erschuf, hatte er jemand anderen vor Augen. Er hatte Eva nach dem Bild einer außergewöhnlich, einzigartig schönen Frau gestaltet, die zu einer anderen Dimension gehörte.

Diese Frau stand nun vor ihnen. Es stand außer Frage, dass Eva nur eine Vorahnung von *dieser hier* war. Vor ihnen stand eine Frau von unvergleichlicher Herrlichkeit und Schönheit, zusammengesetzt aus unzähligen Millionen von Teilen aus Gottes eigenem Wesen – Teile von Gott, die vor Gründung der Zeit dazu auserwählt worden waren, Bestandteile ihres Wesens zu sein.

Hier war nun zu guter Letzt das Geheimnis, *wer* in Gott verborgen gewesen war!

Die Engel wagten kaum, auf eine derart furchterregende Schönheit zu blicken, doch brachten sie es ebenso wenig über sich, wegzublicken.

Hier war eine Frau, gekleidet in den Glanz und die Herrlichkeit Gottes, von einer Schönheit, die über ihr Vorstellungsvermögen hinausging. Sie war wie *er* und doch weiblich! Eine Lieblichkeit so zart, ein Gesichtsausdruck so voller Liebe, ein Wesen so rein, dass die Augen der Engel Ehrfucht und Entsetzen widerspiegelten, als sie versuchten, dies alles in sich aufzunehmen. Sie war aus Gott gemacht worden. Sie gehörte nicht zur Schöpfung, so wie auch er nicht erschaffen wurde. Und genauso, wie Eva Gebein von Adams Gebein war, war diese Frau Geist vom Geist des Herrn. Der unerschaffene Gott hatte ihnen sein Gegenstück offenbart. Eine Frau, gestaltet aus dem Wasser und dem Geist eines unerschaffenen Gottes, Wesen von seinem Wesen.

Ihr Haar war tiefschwarz, ihre Jugend hatte einst einen Gott dazu inspiriert, den Frühling zu gestalten. Ihre Züge umfassten die ganze Schönheit der Weiblichkeit jeder Rasse und jedes Stammes und jeder Familie von allen Enden der Schöpfung, denn jede von ihnen war nur ein Teil, ein Bild von ihr gewesen.

Es war Gnade, dass das Bild dieser herrlichen Frau nun vor ihren Augen zu verblassen begann. Noch einmal erschien vor den Engeln der Anblick der Allumfassenheit Gottes. Erschöpft fielen die Engel auf ihre Gesichter.

„Keine Freier, keine Rivalen, keine Feinde mehr", flüsterte einer.

„Die Mutter Evas", entgegnete ein anderer.

„Eine neue Jeru", erklärte noch ein anderer in leiser Verzückung.

Einer der Engel stand da, immer noch halb geblendet von der Herrlichkeit, und äußerte: „Ein Gegenüber für unseren Herrn!"

„Die Braut Gottes!"

„Wir haben sie nur einen Augenblick lang gesehen. Wann wird diese Frau, die nicht aus erschaffenem gemacht wurde und die nicht zur gefallenen Schöpfung des alten Himmels und der alten Erde gehört ... wann wird sie in ihrer vollen Schönheit und Größe vor uns erscheinen?"

Diese Antwort war allen klar. Wenn die letzte Momentaufnahme eines bereits gekreuzigten Kosmos auf seiner vorwärts gerichteten Reise durch Raum und Zeit vergangen war und das letzte Ticken im Kontinuum der Zeit verklungen sein würde, wenn absolut alles, was Gott in jenen sechs Tagen der Schöpfung erschuf, für immer verschwunden sein würde, *dann* würde dieses Mädchen, das die neue Schöpfung *ist* ... dann würde sie vor ihnen erscheinen.

„Dann", flüsterte einer der Erzengel, „wenn nichts mehr existiert außer der neuen Schöpfung, gebildet aus unerschaffenen Dingen ... *dann* wird es eine Hochzeit geben!"

Kapitel 54

Die Engel waren noch immer berauscht von der Herrlichkeit, als sie sich wankend wieder erhoben. Nicht einer von ihnen hätte sich träumen lassen, dass die Enthüllung damit noch nicht zu Ende war.

Der auferstandene Herr bewegte sich auf jene vor-ewige Szene zu, die er den Engeln durch einen Riss im Gefüge der Schöpfung enthüllt hatte. Im gleichen Augenblick schien es, als würde sich die Vision der Fülle Gottes, da draußen in der Vor-Ewigkeit, ihrerseits auf den Zimmermann zubewegen!

Dieses endlose Meer aus Gott schwebte nun am Rande des Portals, in das sie hineingesehen hatten. Es schien, dass die Fülle Gottes im Begriff war, aus der vergangenen Ewigkeit in Zeit und Raum hineinzuströmen. Der Herr Jesus bewegte sich nun seinerseits näher an das Portal heran ... hielt inne und erhob dann seine Hand. Jene grenzenlose Göttlichkeit, die bis jetzt nur als eine Vision zu sehen gewesen war, brach durch das Tor, das beide Zeitalter voneinander schied und begann, in das sichtbare Reich, in die Zeit, in den Raum hineinzuströmen!

Den Engeln stockte der Atem.

Die Fülle Gottes floss aus dem Zeitalter heraus, das vor aller Zeit lag, und strömte in den Sohn Gottes hinein! Jeder der Engel verspürte unwillkürlich den Impuls, seine Augen zu bedecken, doch ohne Ausnahme entschieden sich alle, lieber blind zu werden, als den Anblick dieses ehrfuchtgebietenden Geschehens zu versäumen.

Der Herr Jesus begann zu leuchten, wobei sein Glanz in diesem Reich so weit anwuchs, dass er bald dem Glanz der Fülle Gottes in dem Zeitalter vor den ewigen Dingen entsprach. Könnte die Fülle Gottes – unbegrenzt – im Körper eines *Mannes* Raum finden? Ein solcher Gedanke überstieg alles, was ein Engel sich vorstellen konnte. Und doch, er war schließlich ein auferstandener Herr – der in einem verwandelten Körper wohnte.

Die Szene wurde noch unglaublicher, während die Ausläufer eines nun grenzenlosen Gottes fortfuhren, in den Herrn der Herrn hineinzuwirbeln.

Der Strom ging weiter, bis noch einmal das *absolute Zentrum* eines vor-ewigkeitlichen Gottes in Sicht kam. Dieses *Zentrum* der Fülle Gottes begann nun, in den Nazarener hineinzufließen!

Nun begannen auch jene Teile Gottes, die vor Grundlegung der Zeit in ihm abgesondert worden waren, sich auf Christus Jesus zuzubewegen. Das Geheimnis war im Begriff, in den Nazarener hineinzuströmen. Das Geheimnis war im Begriff, in *ihm* verborgen zu werden! Der Herr erhob einmal mehr seine Hand. Der vorwärts strebende Fluss göttlichen Lebens hielt inne. Mit einer erstaunlichen Kraft und Fähigkeit griff der Zimmermann durch die Tür und nahm den *allerersten* Teil der Göttlichkeit, der vor so langer Zeit in Gott abgesondert worden war, in seine Hand! Nachdem er dieses Licht des Lebens herausgepflückt hatte, hielt er es in seiner Hand hoch, damit es die Engel sehen konnten. Es funkelte wie das Feuer eines Diamanten.

Nun setzte die ganze Fülle Gottes ihren Strom in das Innerste des Sohnes Gottes fort. Dann begann der Strom zu verebben. Die Fülle Gottes befand sich nun in Christus Jesus. Alles das, was vor Grundlegung der Schöpfung in Gott abgesondert worden war, war nun *in* ihm. Diese Frau befand sich nun in ihm, wie es immer gewesen war.

Plötzlich erkannten die Engel, dass ihnen diese Vision gewährt worden war, damit sie die Schätze verstehen konnten, die schon immer in Christus Jesus verborgen waren. Einen blendenden Moment lang leuchtete der Glanz der Fülle Gottes – ein Strom lebendigen Lichtes – aus dem Inneren des Nazareners hervor. Die Helligkeit war zu groß, zu stark, als dass irgendein Auge sie in vollem Umfang hätte ertragen oder wahrnehmen können. Die Engel, deren Augen in Herrlichkeit ertranken, streckten ihre Hände aus, um zu fühlen, was ihre geblendeten Augen nicht länger sehen konnten.

Allmählich begann das Licht ihrem Blickfeld zu entschwinden, indem es noch tiefer in den Sohn Gottes hineinglitt. Zuletzt ließ auch die Herrlichkeit in den Augen der Engel nach. Sie konnten wieder sehen.

Der Herr all dieser Herrlichkeit stand nun da, allein. Er hielt in seiner Hand jenen ersten, blendend hellen Teil abgesonderter Göttlichkeit. Jeder Engel des Himmels wusste, dass *dieser* Teil Gottes für einen besonderen, ihrem Verstand noch nicht fassbaren Zweck bestimmt war.

Mit dieser unfassbaren Vision hatten sie zugleich einen Blick in die ewige Vergangenheit und die ewige Zukunft tun können. Genau wie drei Tage vorher, als es ihnen gewährt worden war, die Dinge – darunter ihren Erzfeind, den Fürsten über alle Mächte und Gewalten – gekreuzigt zu sehen. Nun würden sie in die Raum-Zeit zurückkehren müssen. Aber im gleichen Moment waren sie sicher, dass ihr Gott – der ICH BIN – frei war von dieser Begrenzung. Für ihn hatte die Vernichtung der gefallenen Schöpfung mit allem, was in ihr war, bereits stattgefunden. Sie sahen auf einen Herrn, der sich zu jeder Zeit *in* der neuen Schöpfung befand und der alle Dinge aus dieser Perspektive betrachtete!

Jeder Engel gab einen Seufzer der Enttäuschung von sich. Sie würden nun an jenen niederen Ort zurückkehren, an dem die Wirklichkeit nicht so leicht zu sehen war. Sie kehrten in die Begrenzungen der Raum-Zeit zurück. Das Grab, das aus ihrem Blickfeld entschwunden war, begann nun langsam wieder sichtbar zu werden. Die Hügel rund um Jerusalem kamen wieder in Sicht. Die Morgensonne schien hell am Himmel.

Während sie in jenes vergangene Zeitalter geblickt hatten, waren dort im Garten nur ein paar Minuten vergangen. Die Augen aller Engel waren fest auf jenes hell leuchtende Element der Göttlichkeit, das der Herr noch immer in seiner Hand hochhielt, gerichtet.

Warum tat er das? Zweifellos sollten nun auch die letzten Aspekte des Geheimnisses enthüllt werden.

Kapitel 55

„Wir sind zurück in Zeit und Raum", erklärte einer der Engel.

„Doch diese Frau, die wir sahen ... ist dir bewusst, dass sie sogar jetzt, da wir in dieser zeitlichen Schöpfung stehen, *in* ihm ist?"

„Ja, und er hat jetzt – genau wie damals Adam – eine offene Seite, aus der sein ... Gegenstück ... in Zeit und Raum hineinkommen kann!"

„Ist das möglich?", unterbrach sie ein anderer. „Wir stehen in der alten, gefallenen Schöpfung. Die neue Schöpfung hat noch nicht begonnen."

„Da wär ich mir nicht so sicher", stimmte ein anderer ein. „Denk nur an das, was du am Kreuz und am Grab erlebt hast. Diese Schöpfung *ist* beseitigt worden! In *seinen* Augen, von da, wo *er* steht, ist sie vergangen."

„Dann solltet ihr euch besser gar keiner Sache mehr sicher sein, wenn ihr von *seiner* Sichtweise sprecht", unterbrach sie ein noch anderer Engel. „Und außerdem ist, wenn ich nicht alles falsch verstanden habe, ja *sie* die neue Schöpfung!"

„Achtung jetzt, er möchte wieder etwas sagen!"

Ganz unspektakulär und sehr menschlich bestieg der junge Zimmermann einen Felsbrocken in der Mitte des Gartens und bat mit einer Handbewegung um Ruhe. Jenen leuchtenden, strahlenden Teil göttlichen Lebens hielt er dabei noch immer in seiner Hand über seinen Kopf.

„Vor langer Zeit habe ich verkündet, dass ich nie wieder etwas erschaffen würde. Aber an meinem Kreuz ist jene Schöpfung, jene *alte* Schöpfung, von der ich sprach ... *dahingeschieden!*"

„Nun werde ich eine *neue* Schöpfung gestalten. Und ich werde sie hier beginnen. Diese neue Schöpfung reicht über das Grab hinaus und ist *eins* mit meiner Auferstehung ... *jetzt!*"

Was für Neuigkeiten für die himmlischen Heerscharen, die schon so lange darunter litten, täglich eine Schöpfung zu betrachten, die völlig von ihrem ursprünglichen Ziel abgekommen war. Und so würden sie von jenem Tag an diese Neuigkeiten als „die gute Nachricht" bezeichnen.

Ein mächtiges „Halleluja" rollte über die himmlische Versammlung hinweg.

„Aber wenn ich von einer neuen Schöpfung spreche, dann meine ich damit nicht kreisende Planeten, endlose Galaxien oder gar himmlische Sphären. *Das* alles gehört zu dem alten. Der Beginn meiner neuen Schöpfung wird nichts von alledem sein. Auch werde ich diesmal nichts Körperliches erschaffen; ja, noch nicht einmal etwas Geistiges werde ich erschaffen.

Genau genommen, werde ich überhaupt nicht *erschaffen.*"

Verstehen huschte über die Gesichter der Engel. Die Worte des Herrn waren (ganz anders als sonst) kaum geheimnisvoll.

„Ich werde überhaupt nicht erschaffen. Ich werde *bauen.* Ich werde ... aus meinem eigenen Wesen die vielen Teile meiner neuen Schöpfung gestalten. Und eines Tages werde ich diese Teile zu einem Ganzen versammeln. Aber ich kann diese neue Schöpfung nicht *erschaffen.* Dieses Neue, das ich heute begann, besteht aus etwas, das unerschaffen ist!

Die Erstlinge meiner neuen Schöpfung sollen aus meinem eigenen Wesen gestaltet werden! Mein Sein. Meine Natur. Mein *Leben.* Der Beginn meiner neuen Schöpfung soll aus *mir* gebaut werden! So wie ich Eva geformt habe ... so wie ich sie aus Adams

Knochen gebaut habe ... genauso werde ich die neue Schöpfung aus meinem eigenen Geist gestalten. Ich werde die neue Schöpfung aus *meinem Wesen* bauen."

Ein ehrfürchtiges Murmeln ging durch die Reihen der Engel. Das Rätsel war endlich gelöst.

„Genauso, wie ich Eva aus dem Knochen Adams gemacht habe, Gebein von seinem Gebein, Fleisch von seinem Fleisch, so werde ich auch mein Gegenüber bauen ... Geist von meinem Geist ... Leben von meinem Leben.

Diese Frau soll aus vielen Teilen meines Wesens bestehen. Sie werde ich nicht in einer Stunde, ja nicht einmal an einem Tag gestalten. Aber heute werde ich damit beginnen."

„Ein *weiteres* Geheimnis", dachten die Engel.

„So gewiss, wie ich an diesem Tage vom Grab auferstanden bin ... so soll auch sie sich – an diesem Tage – aus eben jenem Grab erheben. Sie war in mir, und heute ist sie vom Grab auferstanden ... mit mir! Der heutige Tag, angesichts eines offenen Grabes ... der heutige Tag, der Tag meiner Auferstehung, markiert den *Beginn* dieser neuen Schöpfung!

Nun seht auf das Grab!

Aus diesem Grab soll die Erstlingsfrucht dieser Schöpfung kommen. Heute beginne ich die größte aller Taten. Heute beginne ich die Erschaffung, nein, die *Erbauung ...* meiner Braut! Was ihr nun sehen werdet, ist nicht mehr als ein schwaches Abbild dessen, woran ich bis zur Vollendung aller Zeit ununterbrochen arbeiten werde. Ich werde eine neue Schöpfung bauen, und das, während die alte noch gegenwärtig ist, um meine vielfältige Weisheit zu demonstrieren und meinen Feind zu beschämen!"

Die Versammlung der Engel befand sich in einem Zustand reiner Verwirrung, gepaart mit freudiger Erregung.

„Seht auf das Grab!", schrie der Herr, während er das Stück *Leben* in seinen Händen hochhielt.

Erst als sie sich umdrehten, um auf das Grab zu sehen, bemerkten sie, voller Erstaunen, dass etwas – nein, *jemand – in* dem Grab war.

Kapitel 56

Allmählich begann das Erdbeben abzuklingen. Das verschreckte junge Mädchen hob seinen Kopf. Überall um sie herum sah sie die Anzeichen einer gewaltigen Umwälzung; sogar dort, wo sie lag, war der Boden von Spalten durchzogen. Sie erhob sich auf ihre Knie und fing an, die Behälter mit wertvollen Salben, die überall verstreut lagen, einzusammeln.

Furcht, Zweifel und Verwunderung ergriffen ihr Herz, als sie aufstand und weiter auf den Garten zuging. Ihre Schritte verlangsamten sich.

Eine seltsame und starke Vorahnung legte sich auf sie, während sie einen Moment lang einfach dastand und wie gebannt auf den Eingang des Gartens starrte. Dann schloss sie ihre Augen und stieß das Tor auf. Langsam bewegte sie sich auf sein Grab zu, bei jedem Schritt von Furcht erfüllt. Da, im Halbdunkeln des Morgens, erspähte sie das offene Grab.

„O nein!“, schrie sie. „Sie haben den Körper meines Herrn genommen! Er ist weg. Er ist weg!“

Eine Zeit lang konnte das junge Mädchen nur von Entsetzen erfüllt dastehen. Dann drehte sie sich um und begann zu rennen, und während sie rannte, rief sie fortwährend: „Petrus! Ich muss es Petrus erzählen! Hoffentlich kann ich Petrus finden. Er versteckt sich irgendwo, wenn ich nur wüsste, wo. Aber ich werde ihn finden. Er wird wissen, was zu tun ist."

Und natürlich fand sie Petrus, der sich zusammen mit einem anderen Jünger versteckte. Diesen beiden berichtete sie ihre wilde Geschichte.

Sie wollten gehen und diese unglaubliche Sache selber sehen.

Am Gartentor begann Johannes zu rennen und Petrus lief hinter ihm her. Doch als er am Eingang des Gartens ankam, blieb Johannes wie versteinert stehen. Ungeduldig schob Petrus ihn zur Seite und ging hinein. Einen Moment später torkelte er wieder hinaus, benommener noch als Johannes.

„Bitte, bitte, ich weiß wie gefährlich das ist, Petrus, aber du musst zur Obrigkeit gehen. Du musst herausfinden, wohin sie den Körper meines Herrn gebracht haben."

„Ich weiß, dass es mein Leben kosten kann, aber ich *werde* es herausfinden", entgegnete Petrus nüchtern.

Die drei wandten sich vom Grab ab, ihr Ziel war die Obrigkeit. Aber nach ein paar Schritten drehte sich das junge Mädchen wieder um.

„Nein, ich werde bleiben. Vielleicht wird Josef oder einer seiner Diener – vielleicht der Gärtner ... irgendjemand – hierher zurückkehren. Wenn ich Neuigkeiten habe, werde ich zu euch kommen. Wenn ihr etwas Neues erfahrt, dann schickt *bitte* gleich jemanden zu mir."

Petrus nickte. „Wie du willst. Folge deinem Herzen, so wie du es ihm gegenüber immer getan hast."

Das junge Mädchen kehrte zum Grab zurück. An dessen Eingang kniete sie nieder und starrte bewegungslos hinein.

Ein seltsames Verlangen begann in ihrem Herzen zu wachsen ... das Verlangen ... *in* das Grab *hinein*zugehen. Vorsichtig bewegte sie sich durch den Eingang und nahm den Anblick in sich auf: das Leichentuch, die Kopfbedeckung, den Platz, an dem er gelegen hatte. Sie war überwältigt. Das junge Mädchen fiel auf seine Knie und begann zu weinen. Tränen des Kummers und Schreie der Qual stiegen aus einem zerschlagenen Herzen auf. Weiter und weiter, vollkommen unkontrollierbar, weinte sie, bis sie schließlich von gnädigem Schlaf übermannt wurde.

Es war ein Schlaf so tief, dass man sie fast für tot halten konnte.

Wer nur ist dieses erstaunliche junge Mädchen?

Kapitel 57

Die Engel waren nun in vollkommener Verwirrung.

Irgendjemand war in dem Grab. Nur der auferstandene Herr war aus diesem Grab hervorgekommen; nichts anderes. Alles andere war hinweggetan worden. Hatte sich irgendetwas oder irgendjemand von der zerstörerischen Kraft des Kreuzes befreit?

Nein, das war unmöglich. Dennoch, irgendjemand *war* in diesem Grab. Und wer auch immer es war, dessen waren sie sich sicher – dieser *jemand* war ziemlich tot!

Der Herr sprach.

„Ich werde euch jetzt die Erstlingsfrucht meiner Rettung zeigen, die Anfänge meiner neuen Schöpfung. Ich werde euch ..." Seine Stimme zitterte. „... den ersten Teil meines *Gegenübers* zeigen.

Und eines Tages, wenn der letzte Teil meines Wesens – abgesondert und vorherbestimmt vor Grundlegung der Welt – wenn *dieser* letzte Teil meines Wesens eingepflanzt worden ist in die allerletzte Person, die dazu bestimmt ist, erlöst zu werden ... dann soll es eine Versammlung geben. Außerhalb der Zeit, jenseits des Endes dieser Schöpfung, die Sammlung aller ... und dann ... oh ... dann!"

Aber wer befand sich in diesem Grab? Das war die Frage, die

im Geist jedes Engels brannte. Eine Braut ... die aus vielen Teilen besteht? Oder nur ein Teil der Braut? Was könnte diese „neue Schöpfung“ sein? Eine ganze Schöpfung, die sich nur aus dem Wesen und dem Sein Gottes zusammensetzt? Hatten sie ihn richtig verstanden?

Das alles erschien ihnen ziemlich unmöglich, insbesondere angesichts des extremen und erbärmlichen Zustandes der gefallenen Menschheit. Und doch hatten sie gesehen, wie *diese* Schöpfung vernichtet wurde. Was würde nun an deren Stelle treten?

Ihre Antworten, das wussten sie, würden bald sichtbar werden, denn ... wer auch immer in dem Grab war ... hatte sich gerade bewegt!

Es war ein Mädchen. Ein junges Mädchen. Einst eine furchtbare Sünderin – ja, die schlimmste von allen. Und vom Inneren des Grabes bewegte sie – ausgerechnet sie – sich auf die offene Tür zu. Sie war dabei, aus dem Grab herauszukommen, als eine Vorbotin unsichtbarer Dinge.

Der Herr hielt den Teil seines eigenen Wesens noch höher, um sicherzustellen, dass jeder Engel ihn sehen konnte. Seine Hand begann sich zu bewegen. Sie standen wie gebannt dabei, als er jenen leuchtenden Teil seines Wesens in seine verwundete Seite einfügte.

Nun glänzte seine Seite in prachtvoller Herrlichkeit.

Das junge Mädchen hatte jetzt beinahe den Eingang des Grabes erreicht. Ihre Augen waren mit Tränen gefüllt, das Licht der Morgensonne stand auf ihrem Gesicht.

„Gärtner?“, sagte sie.

Die Engel waren wie erstarrt vor Erwartung.

Kapitel 58

„Gärtner?", sagte sie noch einmal. Sie wischte sich mit ihrem Umhang über die Augen und bemühte sich nach Kräften, gegen die helle Morgensonne etwas zu erkennen.

„Wohin haben Sie den Körper meines Herrn gebracht? Bitte sagen Sie es mir und ich werde zu ihm gehen und mich um ihn kümmern."

Sie stand jetzt direkt auf der Schwelle der Grabesöffnung. Mittlerweile hatten die Engel verstanden, dass dieses Mädchen ein Symbol war für das, was geschehen war und was sich, als Folge der Auferstehung, nun fortlaufend wieder ereignen würde. Wenn sie die Worte des Herrn nicht falsch verstanden hatten, dann würde *jede* Person, die aus der Auferstehung ihres Herrn hervorginge, zur *nächsten* Schöpfung gehören und mit *dieser* Schöpfung nichts mehr zu tun haben. Im nächsten Augenblick würde jene frühere Sünderin aus dem Grab heraustreten.

Der Herr erhob seine Hand. Die Engel kannten diesen Anblick. Sie erwarteten nun, dass die Zeit wiederum stillstehen würde. Aber das tat sie nicht. Diesmal *verlangsamte* sie sich nur.

Der Herr bedeutete seinen Engeln, nun auf das Mädchen zu schauen. Ihnen stockte der Atem, denn ihr Herr erlaubte ihnen, direkt in das Herz des Mädchens zu sehen.

Dort, tief in ihr drin, konnten sie jenes bewegungslose, graue Etwas sehen, das einst die Zierde und das Zentrum Adams gewesen war. Sie konnten den menschlichen Geist dieses Mädchens tot daliegen sehen. Der menschliche Geist, tot seit dem Fall Adams ... nicht länger fähig, seine Funktion als Verbindung zum Reich des Unsichtbaren zu erfüllen ... des Reiches, aus dem er doch ursprünglich gekommen war.

Plötzlich begriffen die Engel! Dies war der Herr über den Tod, der vor ihnen stand. Wenn *er* von den Toten auferstanden war, dann *war* er selbst die Macht, Tote aufzuerwecken. Er war die Auferstehung. Er konnte Totes lebendig machen. Ja, er konnte sogar den menschlichen Geist auferwecken – und wieder leben lassen! Nach all diesen Jahrtausenden würde der menschliche Geist wieder ... leben können? Erneut? Zum ersten Mal an diesem Morgen glaubten sie *wirklich,* dass er all die erstaunlichen Dinge, von denen er gesagt hatte, dass er sie tun würde, auch tun könnte!

„Eva war *in* Adam", sagte einer der Erzengel sanft, um den Gedanken, die sie alle beschäftigten, Ausdruck zu verleihen.

Der Herr ließ bedächtig seine Hand sinken und begann, nach seiner verwundeten Seite zu greifen ... um aus seiner Seite etwas hervorzuholen, das *in* ihm war ... und *von* ihm. Ein Teil jenes Geheimnisses, jener Frau, die sich in Gott befand, sollte nun in Zeit und Raum freigesetzt zu werden. Ein Teil von Gott sollte nun ...

Der Erzengel, der jetzt begriff, was geschehen sollte, sprach erneut.

„Eva ging aus Adams Seite hervor."

Der Herr zog nun aus dem Inneren seiner Seite das wahre Leben Gottes, voll strahlenden Lichts, hervor. Dann warf er jenen Teil seines eigenen Lebens in Richtung auf das Mädchen. Aber während er dies tat, floss – aufgrund von Geheimnissen jenseits aller Erkenntnis – der Strom von Licht und Leben unvermindert weiter aus seinem Innersten.

Langsam näherte sich der leuchtende Ball aus brennendem Leben dem Mädchen und ließ sie in seiner strahlenden Herrlichkeit aufleuchten. In dem Moment, als jenes Licht des Lebens ihr Herz erreichte, entflammte der menschliche Geist – der so lange tot gewesen war – zu neuem, herrlichem Leben.

Der Geist des Menschen war von den Toten auferstanden!

Ein Schrei der Freude erhob sich unter den Engeln ... der aber sogleich vor Erstaunen wieder verstummte.

Noch einmal sprach der Erzengel.

„Eva war Gebein von Adams Gebein. Diese hier wird Geist vom Geist des Herrn sein."

Noch immer trauten sie ihren Augen nicht.

Der Geist des Menschen, der vom Geist Gottes lebendig gemacht worden war, fing an zu zerfließen ... und Teil vom Geist des Herrn zu werden. Dieser Geist – dieses Leben – setzte sich nun in Bewegung, geradewegs in das junge Mädchen hinein!

„Sein von seinem Sein", fuhr der Engel mit seinen Ausführungen fort, als der auferweckte Geist im Inneren des Mädchens und der göttliche Geist aus dem Inneren des Herrn ... *eins* wurden.

Die Engel erblickten Anmut, die jede Vorstellung der Menschen oder der Engel überstieg, als zwei Geister zu einem verschmolzen.

„Eva wurde mit Adam vereinigt und die beiden wurden ... ein Fleisch."

Der Geist des Lebens des Herrn war nun in das junge Mädchen eingedrungen! Ihr ganzes inneres Wesen loderte im Licht der Herrlichkeit Gottes. Das Leben Gottes war nun in ihr und *eins* mit ihr! Die Engel sahen sich gezwungen, erneut ihre Augen zu bedecken. Doch ihre Sinne und ihr Geist waren ebenso von Herrlichkeit erfüllt wie ihre Augen. Sie war vor Grundlegung der Welt in *ihm* gewesen – nun war er in *ihr.*

Die beiden hatten *einen* Geist gemeinsam.

Der auferstandene Herr war zum *innewohnenden Christus* geworden!

Noch einmal frage ich, wer ist dieses Mädchen?

Kapitel 59

„Was für eine Herrlichkeit!“, murmelte Gabriel vor sich hin.

„Der Geist des Menschen wieder lebendig. Welch eine Herrlichkeit!“

Seine Augen wurden traurig.

„Aber der Körper ... noch immer gefallen. Noch immer so vollkommen gefallen. Dieser arme tragische Körper des gefallenen – und erlösten – Menschen. Für diesen Körper, gibt es da keine Hoffnung auf Herrlichkeit?“

Plötzlich fiel Gabriel noch etwas anderes ins Auge, etwas, das in das junge Mädchen hineingepflanzt worden war.

Gabriel sah im Inneren des Balles aus leuchtendem Leben, der gerade in das Mädchen eingedrungen war, etwas äußerst Winziges. Gabriel erkannte einen Samen! Nein! Er sah noch mehr! Er konnte sogar in diesen Samen hineinsehen! In diesem Samen ... befand sich ein verwandelter Leib ... der auf den Moment wartete, in dem er herausgerufen werden würde. Ein Leib, der dem verwandelten Leib des auferstandenen Herrn nicht allzu unähnlich war. Ein vollkommen physischer und doch vollkommen geistiger Körper, eingeschlossen in einem winzig kleinen Samen ... im Inneren des Lebens von Gott ... das sich jetzt im Inneren des Mädchens befand.

Gabriel wusste intuitiv, dass der Samen dieses Körpers im Schoß des Mädchens verborgen – und vergessen – bleiben würde, bis ... ja, bis wann?

„Bis“, Gabriel sprach nur zu sich selbst, „bis ich diesen Samen herausrufen werde mit dem Klang einer mächtigen Posaune ... mit der Posaune Gottes. An *jenem* Tag, dem *letzten* Tag, soll ein geistiger Körper aus diesem Samen hervorbrechen ... hervorbrechen und ihren gegenwärtigen Körper verschlingen ... und Sterblichkeit soll Unsterblichkeit anziehen.

„Ja, auch für den Körper gibt es die Hoffnung auf Herrlichkeit!“

Gabriel musste um Fassung ringen, als ihn dieser Gedanke zu überwältigen drohte.

Einige der anderen Engel verstummten abrupt, als sie plötzlich Gabriel, der beinahe außer sich war, mit einem Schrei, der fast die Erde zerriss, schreien hörten.

„Seht da, volle Errettung!

Seht da, die neue Schöpfung!“

Alle Augen richteten sich jetzt wieder auf das Mädchen.

Sie stand in der Tür des Grabes, eingehüllt in ein Licht so hell, wie es seit der Schöpfung nicht mehr gesehen worden war. Die Reinheit Gottes strahlte von ihr aus wie Ströme lebendigen Feuers.

Der Geist war lebendig. Göttliches Leben befand sich in ihr. Ihr eigener Geist war eins mit dem Seinen. In alledem war ihre Seele so weiß wie Schnee gewaschen worden und wurde, gerade jetzt, verwandelt durch den Geist des Lebens aus Gott, der vom Geist in ihre Seele ausstrahlte.

„Seht da!“, donnerte Gabriel. „Ein menschliches Wesen ist Teilhaber des göttlichen Lebens geworden.“

„Seht da“, schrie er wieder mit einer Gewalt, wie es nur Gabriel vermochte, „vor euch steht, was es niemals zuvor gegeben hat. Eine neue Art. *Eine neue Schöpfung!“*

„Seht *die neue Schöpfung.* Wesen von seinem Wesen. Sein von seinem Sein. Leben von seinem Leben.“

„Eine neue Schöpfung, in Christus Jesus!"

An diesem Punkt wäre gewiss ein ungezügelter Tumult ausgebrochen, wenn die Engel nicht gerade da bemerkt hätten, dass die wunderschöne Frau, die aus dem Grab herausgetreten war – und vor der jedes andere Licht verblasste – ansetzte zu sprechen.

Im nächsten Augenblick würde der Herr wieder seine Hand erheben und die Zeit würde erneut ihren schnelleren Gang gehen und die Augen würden wieder nur die gewöhnlichen Dinge sehen, die jenen mit körperlichen Augen zu sehen gegeben sind. Aber jetzt, in diesem Augenblick, war eine Frau von atemberaubender Schönheit, gekleidet in die Reinheit, Gerechtigkeit, Heiligkeit – und das Licht – Gottes aus dem Grab herausgetreten.

Was sah der Herr in diesem Moment?

Ein Mädchen. Eine Braut! Jung. Makellos. Erschaffen, nein, erbaut aus dem Gottsein Gottes. In seinen Augen war sie vollkommen. Und aus seiner Perspektive existierten all seine Nebenbuhler – und all ihre Feinde und Freier – nicht mehr.

Für einen lichten Moment sah er sie und sich ausschließlich durch seine Augen ... als die beiden einzigen lebenden Wesen. Mit *seinen* Augen sah er sie irgendwo draußen jenseits aller Ewigkeit vor ihm stehen, perfekt, vollkommen, voll göttlicher Liebe, die leidenschaftlich in ihr schlug, während eben dieselbe Liebe auch in ihm brannte. Der siegreiche Herr und sein Gegenüber! Eine herrliche Braut ohne Flecken oder Falten, gewaschen im Blut des Lammes.

Durch *seine* Augen sah er ein Mädchen, das – genau wie er – vom Grab auferstanden war und sich außerhalb der Reichweite des Todes befand und hinausgehoben war über Unvollkommenheit. Sie ... auferstanden, siegreich über das Grab. Der Tod unter ihren Füßen.

Das ist es, was *seine* Augen sahen. Und dagegen ist, was andere Augen sehen mögen, nicht von Bedeutung.

Doch wer ist dieses unglaubliche Mädchen nun? Weißt du es immer noch nicht?

***Du** bist dieses Mädchen!*

Kapitel 60

„Rabbuni! Oh, lieber Lehrer!“

Sie stürzte mit einer unbeschreiblichen Hingabe auf ihn zu. Und als sie ihn erreicht hatte, drückte sie ihn mit aller Macht an sich.

Bis jetzt hatte sie ihn mit all ihrem Verstand, all ihrer Seele und ihrem ganzen Herzen geliebt. Das heißt, sie hatte ihn mit ihrer ganzen menschlichen Natur geliebt. Aber jetzt liebte sie ihn zum ersten Mal – leidenschaftlich – mit der ganzen Kraft ihres Geistes! Zum ersten Mal wurde der Herr der Herrlichkeit mit der gleichen Leidenschaft, mit der auch Gott liebte, wiedergeliebt. Einer Liebe, die bis dahin nur in ihm selbst zu finden gewesen war.

Es war wohl für jedermann ziemlich offensichtlich, dass dieses junge Mädchen absolut nicht vorhatte, ihn jemals wieder gehen zu lassen.

Mit einem warmen Lachen sagte er: „Meine Kleine, du musst mich loslassen; ich muss auffahren ... zu meinem Vater.

Geh jetzt. Geh zu meinen Brüdern. Berichte ihnen –

Ich fahre auf zu meinem Vater
und ***eurem*** *VATER,*
zu meinem Gott
und ***eurem*** *Gott.*

„Aber Herr, wenn ich diesen Ort verlasse ... und wenn du auffährst, dann werde ich dich nie wiedersehen", entgegnete sie.

„Meine Kleine, meine liebe Kleine. Sei versichert. Für jetzt ... und für alle Zeit werde ich – kann ich – dich *niemals* verlassen."

Das junge Mädchen, mit Augen voller Tränen und einem Herz, das vor Freude zu zerplatzen drohte, sank zu Boden und küsste seine Füße.

Einen Augenblick später verließ dieses junge Mädchen, das nichts anderes wusste als ihn zu lieben und zu verehren, den Garten, um eine Nachricht bekannt zu machen, die, wie sie sehr wohl wusste, kaum geglaubt werden würde.

Die Engel sahen ihr nach, wie sie fortging, und flüsterten einander zu.

„Sie ist nicht sein Gegenüber, oder etwa doch?"

„Nein", war die überzeugte Antwort.

„Und doch, ja!", erwiderte ein anderer, ebenso überzeugt. „Sie ist ein Teil, der *erste* Teil, seiner Braut."

„Seine Braut, so viel ist nun sicher, wird einmal aus *allen* Erlösten bestehen."

„Aber wie ist das möglich?"

„Das weiß ich nicht, aber willst du nach diesen drei Tagen sagen, dass etwas *nicht* möglich ist?"

„Hast du das gesehen?", bemerkte ein anderer aufgeregt.

„Was gesehen?"

„Ich bin mir ganz sicher. Erinnerst du dich an die Vision? Einen kurzen Moment lang erlaubte er uns, in die ewige Vergangenheit (oder war es die ewige Zukunft?) zu blicken und seine vollendete Braut zu sehen. Sie war so schön, dass man es kaum beschreiben kann. Aber hast du es nicht bemerkt?

Das junge Mädchen ... als sie aus dem Grab heraustrat ... ihre Gesichtszüge ... irgendetwas von den Gesichtszügen des jungen Mädchens war auch in den Gesichtszügen der Braut Christi zu sehen. Ich bin mir ganz sicher."

„Das", sagte ein anderer, „kommt wohl daher, dass das junge Mädchen *Teil* dieser Braut ist."

„Was für ein Wunder!“, sagte wieder ein anderer Engel, während er seinen Kopf schüttelte, so als könnte er das alles noch gar nicht glauben.

„Ist dir eigentlich klar“, murmelte ein weiterer Engel in völliger Ehrfurcht, „ist dir eigentlich klar, dass seine Braut die alte Schöpfung noch nicht einmal *gesehen* hat. Sie gehört zu einem Zeitalter jenseits des gefallenen Kosmos, jenseits des Kreuzes, *jenseits* der alten Schöpfung. Sie hat sie niemals gesehen, ist niemals in ihr gewesen und weiß auch nichts von ihr. Und doch ist sie aus ihr erlöst worden.“

„Das ist mir zu hoch. Das ist uns allen zu hoch.“

Der Herr wandte sich um, um zu seinen Engeln zu sprechen. „Was ihr gesehen habt ... das Mädchen ... vollkommen ... die Fülle meines Lebens ausstrahlend ... und eine ganze Schöpfung, die am Kreuz vernichtet wurde ... *das* ist es, was ich *immer* sehe. Doch kein sterbliches Auge soll diese Dinge bis zu *jenem* Tag erblicken. Und das wäre auch gar nicht notwendig, denn diese Dinge, die ihr gesehen habt, werden sich unabhängig von Zeit und Ewigkeit erfüllen. Darum ist es gar nicht notwendig, dass sie diese Dinge sehen oder erfahren, ja noch nicht einmal *glauben.*

Dies sind Dinge, die einfach *sind.* Sie sind fest gegründet und durch nichts zu ändern. Das ist etwas, das nur ich mit meinen Augen gesehen und das nur ich weiß, denn ich habe alle Zeiten vom Anfang bis zum Ende durchwandert und gesehen. Nur diese Dinge sind *wirklich* wichtig ... und nur diese Dinge sind *wirklich* real.

Ich *weiß*, was wirklich *ist.*

Und doch, eines Tages, *soll* auch sie sehen. Sie soll sich sehen, wie ich sie sehe ... wie sie wirklich ist. Und selig sind die, die es nicht gesehen haben und doch *glauben!*“

Er hielt inne, sah umher und sprach leise zu sich selbst: „Das Zeugnis meiner Auferstehung muss auch in der unsichtbaren Welt bekannt gemacht werden. Doch ich muss wieder hierher kommen, bevor es auf der Erde Abend wird. Da sind elf Männer, die mich brauchen.

„Jetzt", sagte der Herr in fröhlichem Tonfall, „jetzt, meine immerwährenden Gefährten ... *auf zum Thron!"*

Sofort schwärmten die Engel aus, jeder an seinen Platz ... und bildeten so einen großen Korridor aus Engeln, der geradewegs in den Himmel führte.

„Zum Thron!", schrien sie.

Mit der gleichen Selbstverständlichkeit, mit der er sich auf der Erde in einem sichtbaren Körper bewegte, trat der Herr nun in die Luft hinein und stieg durch den Korridor der Engel nach oben ... hinein in die Sphäre des Unsichtbaren und des Geistes.

Aber er legte sein irdisches Gewand nicht ab, als er sich dem anderen Reich näherte. Zum ersten Mal war ein *sichtbares* menschliches Wesen im Begriff, sich an jenem vollkommen unsichtbaren Ort niederzulassen.

Ein *Mensch* in der Herrlichkeit!

Er warf eine Hand hoch in die Luft und rief noch einmal:

„Zum Thron!"

Und während die Engel beobachteten, wie der einfache Zimmermann durch das Tor zwischen den zwei Welten schritt, sahen sie, zum ersten Mal, einen Menschen im Reich der Himmel. Sie wussten, dass sie seinen rechtmäßigen Anspruch verkündeten, als sie als Reaktion darauf ausriefen:

Zum Thron –
Der Ewig Lebendige
Der Triumphierende
Das Lamm Gottes
Der Zimmermann von Nazareth
Der Sohn des Menschen
Der Sohn Gottes
Der Herr der Herrn
und
König der Könige!

Zum Thron! Zum Thron!

DER
LETZTE
AKT

Kapitel 61

Es ist Abend. Eine junge Frau steigt einen hohen Hügel hinauf, wirft ihren Kopf zurück und lässt ihre Augen über das Himmelszelt wandern. Ihr Herz ist voller Liebe für einen Herrn, den sie nun schon so viele Jahre verehrt und anbetet.

Sie überlegt. Wie oft schon hat er, bis jetzt, die Zeit angehalten, die Ewigkeit umgangen, zurückgegriffen in jene ursprüngliche Ära und auf irgendeine geheimnisvolle Weise, die nur ihm bekannt ist, aus dem Zentrum seines Wesens ... *sein eigenes Leben* ... herausgenommen und hineingepflanzt in das Innerste eines Menschen, der gerade angefangen hatte an ihn zu glauben?

Wie oft schon ist der Geist im Innersten von wie vielen Männern und Frauen von den Toten auferweckt und zum Leben entfacht worden?

Wie viele Seelen befinden sich im Prozess ihrer Verwandlung? Wird es noch Ewigkeiten dauern, bis der letzte Teil von Gott in den Letzten, der an ihn glaubt, eingepflanzt sein wird? Oder wird es schon morgen sein?

Wann wird jene große Schar der Erlösten aus Zeit und Raum herausgehoben werden, damit sie selbst erkennen, dass das Kreuz eine ganze Schöpfung vernichtet und ein Volk vollkommen gerecht gemacht hat? Wann werden sie mit *seinen* Augen sehen?

Wann werden sie wissen, dass die Geschichte der Braut begann, *nachdem* alle Dinge vergangen waren?

„Wann werden wir erkennen ... so wie wir erkannt sind“, flüsterte die junge Frau nachdenklich. Genau wie ihr Gott ist sie niemals gealtert. „Oh, aber das ist etwas Ewiges. Ich befinde mich noch in der Zeit!“ Wann wird sie von diesen zeitlichen Fesseln befreit werden, damit sie all dies *erkennt?*

„Wann ... wird die Sterblichkeit Unsterblichkeit anziehen?

Wann ... werden die Hemmnisse des Fleisches verschwinden? Wann ... werde *ich* erkennen ... wie er mich immer erkannt hat? Wann ... wird der Geist zum Geist zurückkehren? Wann ... wird sein Tag sein? Wann ... wird ihr Tag sein?

Wann werden sich Zeit und Ewigkeit kreuzen ... wann wird die Zeit erfüllt sein? Wann wird sich die Braut bereit gemacht haben?

Wann werde ich meine Augen auf eben diesen Himmel richten ... und Engel sehen ... zehntausend mal zehntausend. Unzählbare. Hinabsteigend! Wann, Erde, wirst du deine letzte Bahn vollenden ... und ich ... wir ... durch seine allmächtige Kraft von hier weggenommen? Verwandelt. Schneller als ein Lidschlag. Wie er! Der Schleier des Fleisches zerstört! *Dann* werde ich das Unsichtbare sehen. *Dann* werde ich erkennen, wie ich erkannt bin.

Und wann wird das Hochzeitsfest sein?“, schien sie die Sterne zu fragen.

Wann wird die Verlobte die Braut werden und die Braut ... die Ehefrau?

Vergangenheit, Gegenwart, Zukunft sollen zu einem verschmelzen, und dann verschwinden. Dann werde ich ihn, als Teil jener Braut, mit all der Kraft und Leidenschaft meines neuen Wesens lieben!

Wie wird sich all das erfüllen?“

Sie blickt wieder an den Himmel, von Horizont zu Horizont.

Das Bild eines weit entfernt liegenden Tages entsteht vor den Augen ihres Geistes. Sie beginnt, ein weit, weit entferntes Ereignis zu sehen ... den letzten Augenblick der Ewigkeit. Sie beginnt zu sehen ...

Kapitel 62

Was ist es, das wir dort sehen? Ist es der weit zurückliegende Moment, in dem Gott Alles in Allem war?

Nein. Und doch ist es dem sehr ähnlich.

Was ist es dann für eine Vision, die wir jetzt erblicken?

Ein Tor öffnet sich in den neuen Himmeln. Ein mächtiges Licht macht sich auf, aus jenem Reich herabzusteigen. Dieses Licht, es ist eine Stadt! Das Neue Jerusalem. Eine Stadt aus hundert Millionen leuchtender Steine, von denen jeder einzelne Herrlichkeit des Lichtes in ihrem Zentrum widerspiegelt. Und das Zentrum ist der Herr, Christus Jesus!

Die Stadt sinkt langsam herab, und währenddessen beginnt sie sich zu verändern. Eine Galaxie lebendigen Lichtes ist sie, die abwärtsgerichtet über den Himmel wirbelt. Allmählich wird dieser Sternennebel aus Licht zu einer Menschenmenge – jener riesigen Schar von Erlösten, einer Menge, die kein Mensch zählen kann.

Sie bejubeln und loben ihren Herrn und Retter wie aus einem Mund. Dabei sind sie umringt von den himmlischen Heerscharen, und zusammen stimmen diese beiden Scharen in eine Hymne ein, mit der sie den mächtigsten und leidenschaftlichen Lobgesang entfesseln, der jemals gehört wurde.

Wieder und wieder umkreisen die Engel ihren Herrn, während

die Gewölbe eines neuen Himmels und einer neuen Erde den Lobgesang des erlösten Menschen und der auserwählten Engel zurückwerfen.

Die Szene beginnt sich noch einmal zu verändern.

Jene riesige, unzählbare Menge, die unterhalb der Engel und vor dem Herrn steht, beginnt zusammenzufließen und wird zunächst zu einem großen Licht aus Lichtern. Ihre Helligkeit wächst, die Lichter werden *eins*. Im Zentrum dieses Lichtes bildet sich langsam eine Gestalt.

Die Engel jubeln in heiliger Freude. Sie erkennen die Gestalt wieder, die sie alle schon einmal gesehen haben, während jenes kurzen Augenblicks von Herrlichkeit ... vor langer Zeit am Tag seiner Auferstehung.

Vor ihnen steht die Braut des Lammes.

Sie ist nun vollends sichtbar, vor der Ausstrahlung ihres Lichtes und ihrer Herrlichkeit verblasst alles, mit Ausnahme des Thrones Gottes. Nun steht sie vor ihnen, gekleidet in Reinheit und Heiligkeit.

Die Engel verbeugen sich mit einer Sanftheit und Freundlichkeit, wie sie dieses Universum noch nicht gesehen hat. Sie ist es, die Wirklichkeit, die dem Bild zugrunde lag. Alle Lieblichkeit aller Frauen zusammengefasst in einer Schönheit, die nun auf ihr ruht.

Eine Unschuld geht von ihr aus, die selbst die heiligen Engel in Entzücken versetzt. Ihre Augen haben niemals auch nur die leiseste Ahnung der Tragödien gesehen oder erlebt, die Teil der alten Schöpfung waren. Dort steht sie in der Kraft und Vollkommenheit ihrer Jugend. Ihr tiefschwarzes Haar, ihr leuchtendes Antlitz erzählen tausend Geschichten von Liebe, von Leidenschaft, von ungeteilter Hingabe an ihren Herrn. Sie strahlt eine Erhabenheit, eine Größe und eine übernatürliche Schönheit aus, die so furchterregend ist wie das Angesicht Gottes.

Einen Moment lang hat es den Anschein, als würden in der Gegenwart dieser heiligen und herrlichen Braut alle anderen Dinge vergehen. Plötzlich aber erscheint in der Ferne eine noch größere Herrlichkeit.

Es ist niemand anderes als der König!

Die Frau beginnt in einem Glanz zu erstrahlen, der alles Verstehen übersteigt. Die Herrlichkeit des Glanzes des Herrn entzündet sich mit einem Feuer, von dem alles andere eingenommen – und dann verzehrt wird. Und aus dem Inneren dieses Meeres endloser Herrlichkeit ... erhebt sich ein Rufen!

Für immer!
Nie mehr
allein.

Gleich zwei fröhlichen Kindern laufen sie aufeinander zu und umarmen sich in einem Geben und Nehmen göttlicher Liebe. Während alles andere bereits vergangen ist, verschmilzt nun das Licht der Herrlichkeit dieser beiden zu einem einzigen.

Vor langer Zeit gab der Herr seine unbegrenzte Unendlichkeit auf und hüllte sich in jenen begrenzteren Ort namens Ewigkeit. Jetzt, da er eins mit seiner Braut geworden ist, geht er zurück in seine wahre, unendliche Grenzenlosigkeit.

Ist er dann – wiederum – die Allumfassenheit geworden?

Nein, vielmehr ist er endlich zu dem geworden, was er dort, vor Grundlegung der Zeit, zu werden bezweckte. Er wurde zu

Der Allumfassenheit in Allem.

Kapitel 63

Die ferne Vision beginnt zu verblassen, dann verschwindet sie.

Die junge Frau, die sich jetzt auf dem Gipfel eines smaragdgrünen Hügels befindet, erhebt sich. Ein tiefes Gefühl der Liebe des Herrn regt sich in ihr ... denn sie hat gerade den überwältigenden Ruf des lebendigen Heiligen Geistes in ihrem Innersten vernommen.

Und dieser Geist in ihr hat gerufen ... *Komm!*

Und wie Eva vor ihr streckt sie ihre Hände in den Himmel, erhebt, in dem Glauben, dass ihr Gegenüber sie hören würde, ihre Stimme ... und ruft:

Komm, Herr JESUS. Komm!

Und gleich hinter dem Tor, im Reich der Herrlichkeit, hört er, der sie liebt und der für sie starb ... gerade jetzt ihre Bitte.

„Endlich legt sie diese geringeren Dinge ab, Wissen, Dienst, Opfer. Sie kehrt zurück zur höchsten und wichtigsten Aufgabe im Universum.

Sie lernt, mich zu *lieben*", flüstert er.

Bald,
ja, sehr bald ...
sehr, sehr bald ...

Gabriel!

Lebewohl

Es ist spät und wir müssen uns voneinander verabschieden. Ich hoffe, dass du hier etwas gesehen hast, an das du dich für immer erinnern wirst und das – vielleicht – dich sogar verändern *wird!*